증세없는 세수확보 방안

한국조세재정연구원

총 목 차

【1주제】

「부가가치세 매입자 납부제도 도입 방안」 ···················· 1

【2주제】

「비과세 감면제도 정비를 통한 세수확보 방안」 ········· 57

제1주제

부가가치세 매입자 납부제도 도입 방안

김재진

목 차

Ⅰ. 서론 ··· 9

Ⅱ. 부가가치세제의 특징 ·· 11
  1. 간접세 ··· 11
  2. 전단계세액공제법 및 다단계거래세 ······················· 13
  3. 비거주자 등에 대한 대리납부제도 ························· 13

Ⅲ. 우리나라 부가가치세제의 문제점 ······························· 14
  1. 체납비율 과다 ·· 14
  2. 체납정리실적 미흡 ··· 15
  3. 폭탄업체를 이용한 부가가치세 탈세 ···················· 20

Ⅳ. VAT Gap ··· 22
  1. 개념 및 측정방법 ··· 22
    가. 개념 ·· 22
    나. 측정방법 ·· 22
  2. EU 25개국의 VAT Gap ·· 25
  3. 우리나라의 VAT Gap ··· 26

Ⅴ. 해외 운영사례 ·· 28
  1. EU 회원국의 VAT Reverse Charge 추진동향 ··· 28
  2. EU 회원국의 행방불명 무역업자 사기(MTIC Fraud) 규모 ······ 30
  3. EU 회원국의 도입현황 ··· 31
    가. 도입국가 ·· 31
    나. 적용대상 품목 ··· 32

4. 영국 사례 ·· 33
　가. 도입배경 ·· 33
　나. 적용요건 ·· 35
　다. 적용방법 ·· 36

Ⅵ. 국내 운영사례: 금 관련 제품에 대한 매입자납부제도 ············· 39
　1. 도입배경 ·· 39
　2. 주요내용 ·· 39
　　가. 적용대상 ··· 39
　　나. 적용방법 ··· 40

Ⅶ. 부가가치세 매입자납부제도 도입방안 ································ 42
　1. 사업자와 최종소비자 간 거래(B2C 거래) ·························· 42
　2. 사업자와 사업자 간 거래(B2B 거래) ································ 45

Ⅷ. 기대효과 ·· 48
　1. 세수증대 효과 ·· 49
　2. 징세비용 절감 ·· 51
　3. 부당환급 방지 ·· 53

참고문헌 ·· 54

- 4 -

표 목 차

<표 Ⅲ-1> 부가가치세 체납현황 ·· 14
<표 Ⅲ-2> 국세와 부가가치세의 미정리 체납액 추이 ··················· 17
<표 Ⅲ-3> 부가가치세 체납정리실적 ·· 18
<표 Ⅲ-4> 세목별 정리실적 및 미정리 건당 금액 비교(2011년 기준) ·········· 19
<표 Ⅲ-5> 면세금지금제도 악용 부가가치세 탈루 조사실적 ············ 21

<표 Ⅳ-1> 영국의 주요 세목별 Tax Gap ······································ 24
<표 Ⅳ-2> 「VAT Gap」 추정치 ·· 24
<표 Ⅳ-3> 2010년 「VAT Gap」 (생산자가격 기준) ····················· 27
<표 Ⅳ-4> 2011년 「VAT Gap」 (생산자가격 기준) ····················· 27

<표 Ⅴ-1> EU국가 중 부가가치세 매입자 납부제도 도입 현황(2012년) ·········· 32
<표 Ⅴ-2> EU 주요국의 국내대리납부제도 적용대상 품목 ············ 33

<표 Ⅷ-1> 「VAT Gap」 구성요소 ··· 50

그림 목차

[그림 Ⅱ-1] 제조·판매과정에서의 부가가치세 흐름도 ·················· 11
[그림 Ⅱ-2] 부가가치세(간접세) 거래징수 개념도 ······················ 12
[그림 Ⅱ-3] 소득세·법인세 등(직접세) 원천징수 개념도 ············· 13

[그림 Ⅲ-1] 부가가치세 체납비율 추이 ··· 15
[그림 Ⅲ-2] EU 주요국의 결손처분 및 미정리체납액 현황(2009년 기준) ············· 16
[그림 Ⅲ-3] 주요 세목의 세수실적 대비 미정리체납액 비율 ······················ 17
[그림 Ⅲ-4] 세목별 정리실적 및 미정리 건당 금액 비교(2011년 기준) ··············· 19
[그림 Ⅲ-5] 금지금 국제시장 1000원 기준 거래시 변칙거래 구조도 ················ 20

[그림 Ⅳ-1] 「VAT Gap」 구성도 ·· 22
[그림 Ⅳ-2] 영국의 2010-11년도 「VAT Gap」 구성비 ·························· 25
[그림 Ⅳ-3] EU 25개국의 「VAT Gap 비율」 비교(2006년) ······················ 26

[그림 Ⅴ-1] EU 주요국의 「행방불명 무역업자 사기(MTIC Fraud)」 추정치(2005-06) ··· 31
[그림 Ⅴ-2] 영국의 매입자납부제도(Reverse Charge) 기본개념도 ················· 38

[그림 Ⅵ-1] 금거래 결제업무 흐름도 ··· 41

[그림 Ⅶ-1] 신용카드 결제분 거래징수 개념도 ······························· 42
[그림 Ⅶ-2] VAT 신용카드 결제분 거래징수 구현도 ····················· 43
[그림 Ⅶ-3] B2B 거래 시 기본 개념도 ·· 45
[그림 Ⅶ-4] 전자적 거래징수 개념도(통신/금융/IT/조세 통합) ············· 46

[그림 Ⅷ-1] 부가가치세(간접세) 거래징수 개념도 ··· 48
[그림 Ⅷ-2] 부가가치세 매입자납부제도 기본 개념도 ··· 48
[그림 Ⅷ-3] 2011년 「VAT Gap」 (생산자가격 기준) ··· 50
[그림 Ⅷ-4] 영국의 2010-11년도 VAT Gap ·· 51

Ⅰ. 서론

□ 부가가치세는 경제성장에 필요한 재원확보를 위하여 1977년에 도입된 이후 35년이 경과하였으며, 기존에 존재하던 8개의 간접세가 부가가치세로 대체되어 현재까지 그 체계를 유지하고 있음
  ○ 부가가치세가 도입된 이후로 세수실적은 꾸준히 증가하여 2011년 기준 내국세 약 159조원 중 32.5%인 약 52조원으로 가장 높은 비중을 차지하고 있으며 법인세, 소득세와 함께 주요 3대 세목을 구성하고 있음

□ 부가가치세는 재화나 용역이 생산·제공 또는 유통되는 모든 단계에서 기업이 창출한 부가가치에 대해 과세되는 조세로, 거래상대방으로부터 징수하여 납부하도록 함으로써 법률상의 납세의무자와 실질적인 담세자가 다른 간접세임
  ○ 즉, 부가가치세에서는 납세자가 담세자로부터 징수된 세금을 탈루하지 않고 그대로 국고로 납부하는 납부의무의 이행이 가장 중요하다고 할 수 있음
  ○ 그러나 부가가치세는 간접세임에도 불구하고 징수결정액 대비 체납비율이 2011년 기준 11.3%로 소득세 9.0%, 법인세 2.6%와 비교하여 매우 높은 수준이며, 당해연도 체납발생액 중 결손처분 및 미정리 비중은 51%에 달하고 있음

□ 또한 전단계세액공제법으로 인한 거래징수의 제도상의 한계로 인하여 자료상 폭탄업체 등이 부가가치세를 포탈한 사례가 빈번하게 발생하고 있고, 신용카드, 현금영수증 등의 실물거래 증빙으로 확인되지 않는 무자료거래 등 유통질서 문란행위가 지속적으로 발생하고 있음
  ○ 금도매업자들이 면세금지금제도를 악용한 부가가치세 탈루에 대한 세무조사를 실시하여 2003~2005년 상반기까지 총48건을 고발하고 8,422억원을 추징함
  ○ 최근 유통거래질서에 대한 기획조사를 강화한 결과, 2010년 71명의 무자료 거래로 인한 탈세를 적발하여 1,199억원을 추징함

□ 부가가치세는 세수비중이 가장 높은 중요한 세목이지만 체납 및 결손액의 증가,

부가가치세 탈루 등은 과세행정의 큰 부담으로 작용하고 있으며, 실물거래 중심의 과세인프라 확충은 한계에 도달한 실정임
- ○ 따라서 IT기술의 발전, 거래결제시스템의 변화 등 사회·경제적으로 변화된 환경을 감안하여 부가가치세 거래징수제도의 효율성을 제고함으로써 선행·기간세제로서의 부가가치세를 실효성 있는 제도로 개선할 필요가 있음
- ○ 그동안 부가가치세 제도와 관련된 연구나 정책방향은 과세범위, 과세표준, 세율 등과 관련된 부분에 치우쳐져 부가가치세 과세행정의 실효성을 제고하고자 하는 연구는 다소 미흡하였음

□ 부가가치세 매입자납부제도(Reverse Charge)를 도입하면 부가가치세 탈루를 효과적으로 차단하고 결손 및 체납발생을 원천적으로 방지하여 세율 인상 없이도 상당한 규모의 추가세수를 확보할 수 있을 것으로 기대됨
- ○ 사업자와 최종소비자간 거래(B2C 거래)의 경우에는 전자금융업자인 신용카드 사업자를 부가가치세 거래징수 및 대리납부자로 지정하여 부가가치세 징수의 효율성을 제고함
- ○ 또한 사업자와 사업자간 거래(B2B 거래)에서는 납세자의 세무이행 능력과 납세자간 역학관계를 고려하여 적용대상을 탄력적으로 운영하도록 함

□ 본 보고서에서는 EU 회원국의 부가가치세 매입자납부제도(Reverse Charge)의 도입현황 및 2007년 6월 1일부터 동 제도를 시행하고 있는 영국의 사례를 검토하여 부가가치세 매입자납부제도(Reverse Charge) 도입 시 합리적인 방안과 기대효과를 제시하고 함
- ○ EU 회원국은 부가가치세 사기(VAT Fraud)에 효과적으로 대응하기 위하여 지속적인 노력을 해 오고 있는 바, "행방불명 무역업자 사기 추정치"와 "VAT Gap 비율"이 높게 나타난 영국, 스페인, 독일, 프랑스, 이탈리아는 모두 부가가치세 매입자납부제도(Reverse Charge)를 도입한 것으로 나타남

Ⅱ. 부가가치세제의 특징

1. 간접세

□ 부가가치세는 거래상대방으로부터 징수하여 납부하도록 함으로써 법률상의 납세의무자와 실질적인 담세자가 다른 「간접세」임
  ○ 부가가치세의 납세의무자는 사업자이지만, 담세자는 최종소비자가 됨
    - 소비자가 물품을 구입할 때 지급하는 대가에는 부가가치세가 포함되어 있으므로 실질적으로 세금을 부담하는 주체는 소비자임
  ○ 따라서 부가가치세는 물품을 판매하거나 서비스를 제공하는 과정에서 거래상대방으로부터 징수한 세금이므로 손실발생 여부와 무관하게 납부하여야 함
    - 반면, 소득세는 사업의 결과 얻어진 수입금액에서 정당한 비용을 공제한 '소득금액'에 대하여 부담하는 것이므로 소득이 없는 경우 사업자가 납부할 세금은 없음

[그림 Ⅱ-1] 제조·판매과정에서의 부가가치세 흐름도

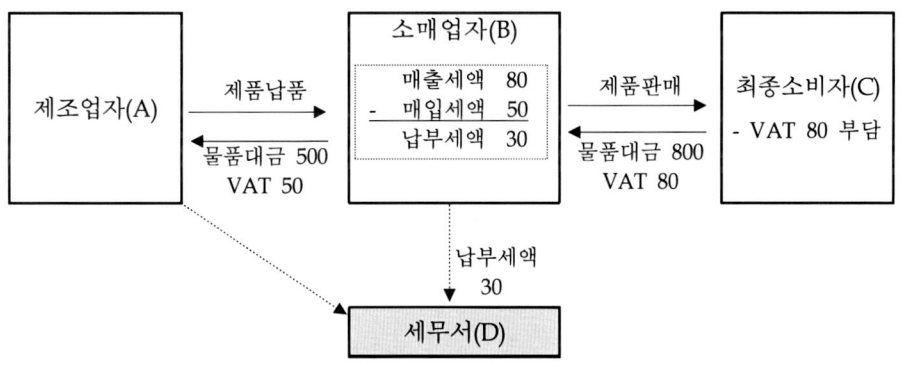

<부가가치세의 거래징수 및 소득세의 원천징수 흐름도>

| 간접세: 납세의무자 ≠ 담세자 | 직접세: 납세의무자 = 담세자 |

- 납세의무자: 세법에 따라 국세를 납부할 의무가 있는 자
- 담세자: 최종적으로 조세를 부담하는 자
- 납세자: 세법에 의하여 조세를 직접 납부하는 자

【부가가치세 거래징수】

☐ 사업자가 재화 또는 용역을 공급하는 때에 해당 재화 또는 용역에 대한 대가 이외에 별도로 부가가치세를 공급받는 자로부터 징수하는 것

[그림 II-2] 부가가치세(간접세) 거래징수 개념도

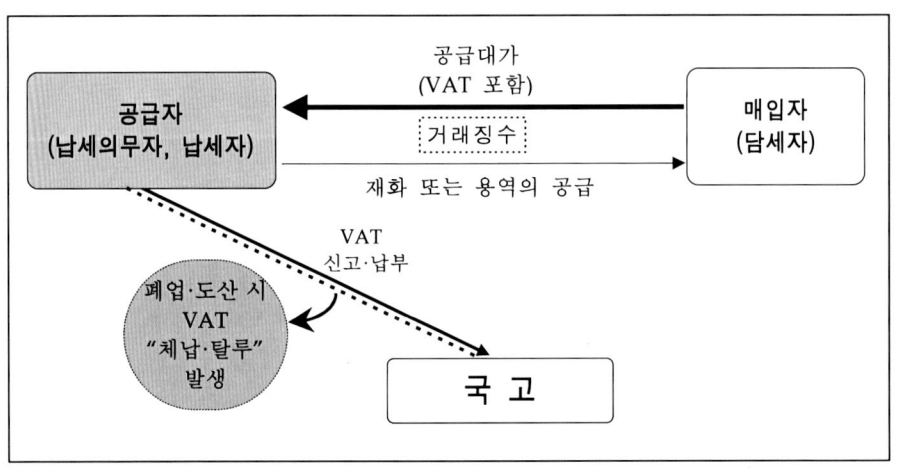

※ 부가가치세법상의 거래징수 시 사업자는 담세자가 부담한 세금을 담세자를 대신하여 납부하는 데 지나지 않음

2. 전단계세액공제법 및 다단계거래세

□ 부가가치세 과세방법은 부가가치를 계산하는 방법에 따라 가산법1)과 공제법(전단계거래액공제법2) 및 전단계세액공제법)으로 구분되며, 우리나라는 「전단계세액공제방법」을 채택하고 있음
  ○ 「전단계세액공제법」은 매출세액에서 거래 전단계에서 징수당한 매입세액을 공제(Tax Exclusive)하는 방식으로, 세액계산절차를 거치면서 부가가치에 대해서만 과세하는 결과가 간접적으로 유도되는 특징이 있음

$$\text{부가가치세 납부세액} = \underbrace{\text{매출액} \times \text{세율}}_{\text{매출세액}} - \underbrace{\text{매입액} \times \text{세율}}_{\text{매입세액}}$$

□ 또한 우리나라 부가가치세는 재화나 용역이 최종소비자에게 도달할 때까지 모든 거래단계마다 부가가치세를 부과하는 「다단계거래세」임
  ○ 각 거래단계별로 매출세액에서 매입세액을 공제한 금액, 즉 부가가치에 대하여 과세함

3. 비거주자 등에 대한 대리납부제도

□ 국내에 사업장이 없는 비거주자 또는 외국법인이 역무를 제공하거나 「재화·시설물 또는 권리」를 사용하게 하고 대가를 지급받는 경우 그 용역을 공급받는 자가 당해 비거주자 또는 외국법인을 대리하여 부가가치세를 납부하는 제도임
  ○ 통관절차를 거치지 않아 거래사실의 포착이 어렵고, 비거주자 등의 용역공급자들의 성실한 납세의무 이행을 기대하기 어려운 점을 감안하여 국내용역거래와의 과세형평을 기하기 위하여 도입됨

---

1) 일정기간 동안 지급한 임금, 지대, 이자, 이윤 등 부가가치를 구성하는 기본요소를 합한 금액에 세율을 곱하여 부가가치를 산출하는 방법으로 생산요소의 합계액을 과세표준으로 하는 소득형 부가가치세에 적용될 수 있음
2) 매출액에서 매입액을 차감한 거래액에 세율을 곱하여 부가가치세액을 산출하는 방법임

Ⅲ. 우리나라 부가가치세제의 문제점

1. 체납비율 과다

□ 부가가치세는 간접세임에도 불구하고 징수결정액 대비 체납비율이 2011년 기준 11.3%로 소득세 9.0%, 법인세 2.6%와 비교하여 높은 수준임
  ○ 부가가치세는 간접세로서 납세자가 본인의 세금이 아닌 담세자의 세금을 징수하여 납부하는 제도이므로 납세자가 담세자로부터 징수된 세금을 탈루하지 않고 그대로 국고로 납부하는 납부의무의 이행이 제도의 가장 중요한 근간임

□ 또한 2011년 기준 부가가치세 부과액은 약 59조원으로 국세 대비 29.8%인 반면, 체납발생액은 6.7조원으로 국세체납액에서 차지하는 비중이 36.4%로 나타나 부가가치세가 세수실적에서 차지하는 비중보다 7.6%p 더 높음
  ○ 부가가치세 체납비율 추이는 2006년 13.6%에서 2011년에는 11.3%로 2.3%p 감소함

<표 Ⅲ-1> 부가가치세 체납현황

(단위: 억원, %)

VAT		2007년	2009년	2011년
징수결정액	금액	462,485	525,949	593,584
	국세 대비 비중	(27.8)	(31.0)	(29.8)
당해연도 체납발생액	금액	62,077	62,720	67,070
	국세체납액 대비 비중	(42.4)	(37.4)	(36.4)

자료: 국세청, 『국세통계연보』, 각 연도

[그림 III-1] 부가가치세 체납비율 추이

(단위: 억원, %)

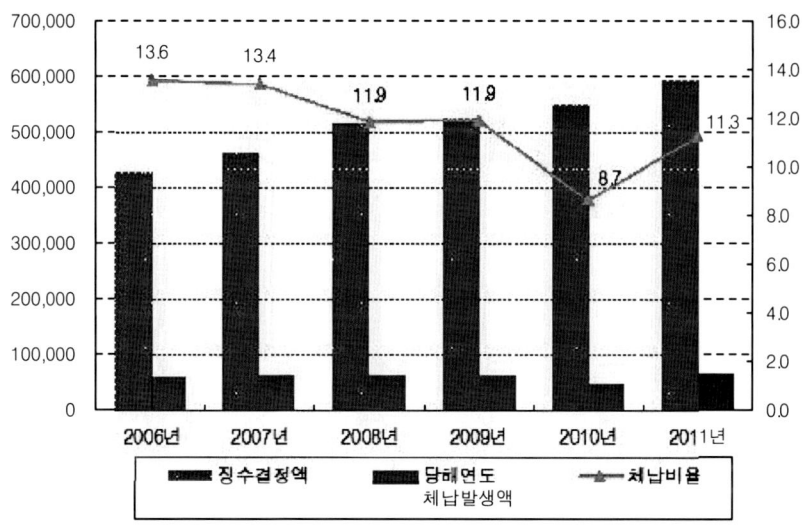

자료: 국세청, 『국세통계연보』, 각 연도

2. 체납정리실적 미흡

□ 우리나라의 국세결손처분비율은 2009년 기준 4.6%로 EU 주요국의 결손처분 및 미정리체납액 현황과 비교 시 영국, 독일, 프랑스 등 EU 주요국에 비해 4배 이상 높은 수준임

  ○ 반면, 미정리체납액 비율은 2009년 기준 2.7%로 영국 6.2%, 프랑스 7.8%에 비해 낮은 수준으로, 이는 국세의 경우 결손처분이 되더라도 이를 체납처분으로 규정하고 있는 데 기인함

[그림 III-2] EU 주요국의 국세 결손처분 및 미정리체납액 현황(2009년 기준)

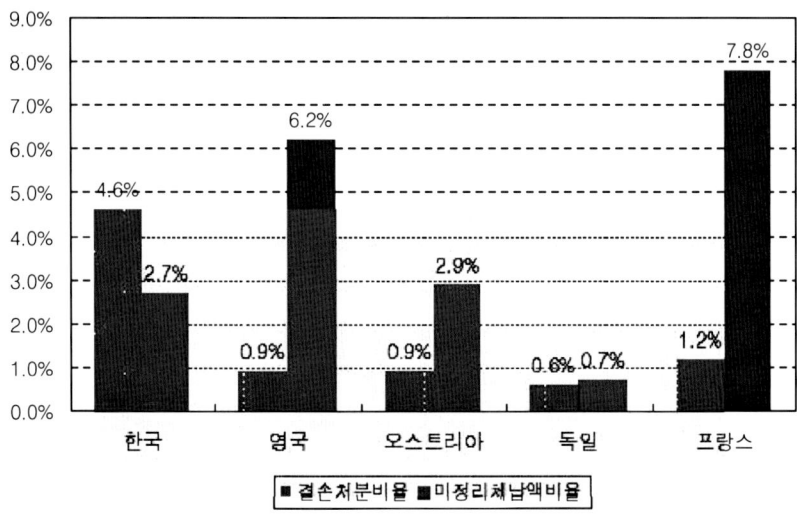

자료: OECD, *Tax Administration in OECD and Selected Non-OECD Countries: Comparative Information Series*, 2011, pp.173~176

☐ 부가가치세는 매출자가 매입자를 대신하여 거래징수하여 납부하는 데 지나지 않음에도 불구하고 세수실적 대비 미정리체납액 비율은 2011년 기준으로 국세 3.0%보다 높은 3.4%임
  ○ 특히, 직접세인 소득세 및 법인세와 비교 시 미정리체납액 비율이 2011년 기준 3.4%로 주요 세목인 소득세 2.5%, 법인세 0.7% 중 가장 높은 수준임
  ○ 미정리체납액은 납부기한 내에 납부하지 못하여 체납으로 분류된 금액인 체납발생총액 중에서 특정시점까지 현금징수, 결손처분 등의 방법으로 정리되지 못하고 남아 있는 금액임

<표 III-2> 국세와 부가가치세의 미정리 체납액 추이

(단위: 억원, %)

		2007년	2008년	2009년	2010년	2011년
국 세	세수실적	1,530,628	1,575,286	1,543,305	1,660,149	1,801,532
	미정리체납액	35,747	39,080	41,659	49,257	54,601
	비율	2.3	2.5	2.7	3.0	3.0
부가가치세	세수실적	409,419	438,197	469,915	491,212	519,068
	미정리체납액	13,289	14,939	15,148	15,982	17,815
	비율	3.2	3.4	3.2	3.3	3.4

자료: 국세청, 『국세통계연보』, 각 연도

[그림 III-3] 주요 세목의 세수실적 대비 미정리체납액 비율

(단위: %)

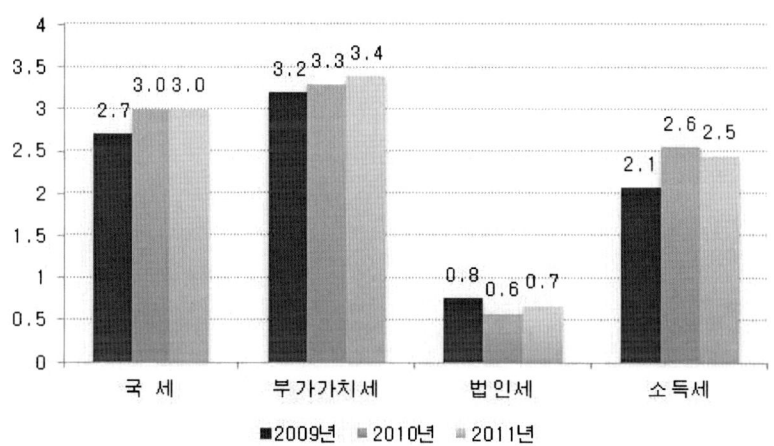

자료: 국세청, 『국세통계연보』, 각 연도

□ 체납정리의 유형은 크게 현금징수, 결손처분, 결정취소로 나누어지는바, 체납현금 정리실적은 당해연도 체납발생액의 44.3%에 불과하며, 결손처분이 차지하는 비중도 2011년 기준 24.4%로 약 1조 6,300억원에 이르고 있음

  ○ 2011년 부가가치세 체납 중 결손처분 및 미정리 비중은 51%에 달하고 있음

   - 대부분의 체납은 영업부진·부도·폐업 등으로 인하여 체납자의 재산이 없어 결손처분되고 있는 경우가 많은바, 결손처분은 체납자가 무재산인 경우에 제한적으로 실시하는 잠정적 조치임

  ○ 이외에 현금정리 및 기타 정리실적이 각각 44.3%, 4.8%를 차지하고 있음

- 정리실적 중 기타는 납세자의 착오신고, 불복청구 인용 등으로 당초 고지세액이 감액·취소된 경우임

<표 III-3> 부가가치세 체납정리실적

(단위: 억원, %)

VAT	2007년	2009년	2011년
당해연도 체납발생액	62,077	62,720	67,070
	(100.0)	(100.0)	(100.0)
정리실적	48,788	47,572	49,255
	(78.6)	(75.8)	(73.4)
- 현금정리	25,747	27,416	29,690
	(41.5)	(43.7)	(44.3)
- 결손	19,964	18,305	16,364
	(32.2)	(29.2)	(24.4)
- 기타	3,077	1,851	3,201
	(5.0)	(3.0)	(4.8)
미정리	13,289	15,148	17,815
	(21.4)	(24.2)	(26.6)

주: 1. 기타는 납세자의 착오신고, 불복청구 인용 등으로 당초 고지세액이 감액·취소된 경우임
2. ( )안은 당해연도 체납발생액 대비 비중임
자료: 국세청, 『국세통계연보』, 각 연도

□ 체납정리실적 및 미정리 체납액에 대한 건수별 금액을 법인세, 소득세와 비교해 보면, 2011년 기준으로 체납액 및 미정리 금액은 부가가치세가 가장 크게 나타났으나 건당 금액은 가장 낮게 나타남
  ○ 따라서 건당 체납금액이 소액이더라도 이를 처리하기 위한 인력과 시간은 필요하므로 체납업무에 소요되는 행정비용은 다른 세목에 비해 상대적으로 높다고 할 수 있음
  ○ 2011년 기준 당해연도 체납발생액은 부가가치세 약 6.7조원, 소득세 약 4.2조원, 법인세 약 1.2조원인 반면, 건당 금액은 법인세 약 1,700만원, 소득세 약 500만원, 부가가치세가 약 400만원의 순으로 나타남
  ○ 또한, 정리실적 중 결손처분금액은 소득세 약 2.1조원, 부가가치세 약 1.6조원, 법인세 약 5,400억원의 순으로 나타났으나, 건당 금액은 법인세 약 5,500만원, 소득세 약 2,500만원, 부가가치세가 약 1,600만원의 순임

○ 미정리체납액은 부가가치세가 약 1.7조원, 소득세가 약 1조원, 법인세가 약 3,000억원의 순으로 나타났으나, 건당 금액은 법인세 약 1,400만원, 소득세와 부가가치세가 각각 약 300만원의 순으로 나타남

<표 III-4> 세목별 정리실적 및 미정리 건당 금액 비교(2011년 기준)

(단위: 건, 억원)

2011년		소득세	법인세	부가가치세
당해연도 체납발생액	건수	826,645	69,131	1,533,156
	금액	41,802	11,862	67,070
	건당 금액	0.05	0.17	0.04
현금정리	건수	86,383	9,919	104,913
	금액	21,314	5,466	16,364
	건당 금액	0.25	0.55	0.16
결손	건수	86,383	9,919	104,913
	금액	21,314	5,466	16,364
	건당 금액	0.25	0.55	0.16
미정리	건수	322,349	22,265	563,646
	금액	10,362	3,032	17,815
	건당 금액	0.03	0.14	0.03

자료: 국세청, 『국세통계연보』, 각 연도

[그림 III-4] 세목별 정리실적 및 미정리 건당 금액 비교(2011년 기준)

(단위: 억원)

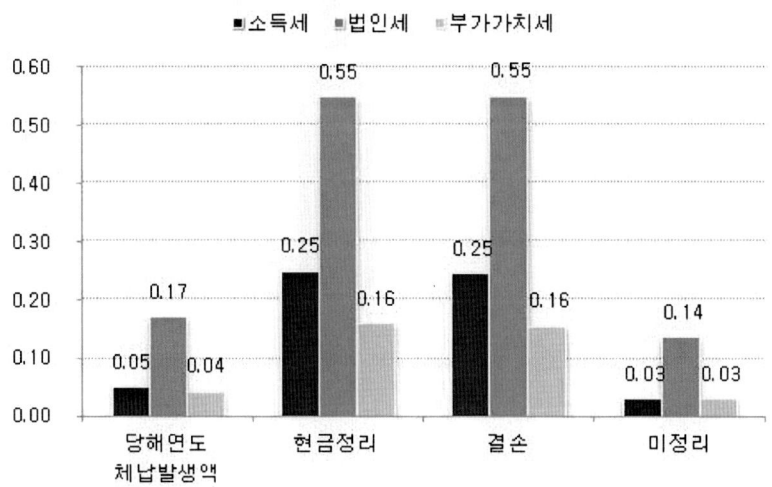

자료: 국세청, 『국세통계연보』, 각 연도

3. 폭탄업체를 이용한 부가가치세 탈세

□ 전단계세액공제법으로 인한 거래징수의 제도상의 한계로 인하여 자료상 폭탄업체 등이 부가가치세를 포탈한 사례 등이 빈번하게 발생하고 있음
  ○ 폭탄영업이란 예를 들면 금지금을 수입할 때 부가가치세 10%를 면제해 주는 면세금지금제도를 악용하여 금지금을 수입한 뒤 수출하는 과정에서 부가가치세를 부정 환급받는 행위로 「수입→ 1차 도매 → 폭탄업체 → 2차 도매 → 수출」 과정을 거치는 방식임
  ○ 폭탄업체가 유통 중간단계에서 부가가치세를 신고한 후 세금을 납부하지 않고 자진 폐업하면 금 수출업체는 세금계산서를 폭탄업체로부터 넘겨받아 부가가치세를 환급받게 됨

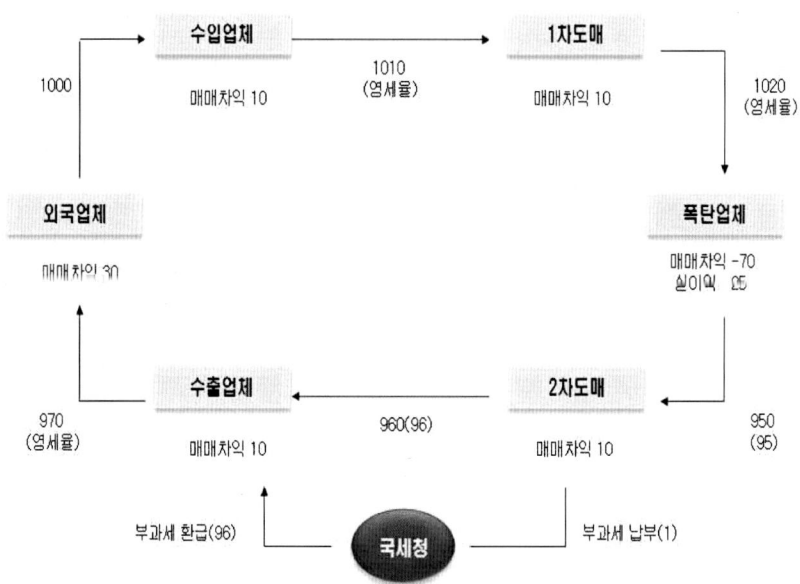

[그림 III-5] 금지금 국제시장 1000원 기준 거래시 변칙거래 구조도

주: 1. 실질환급 = 포탈액(95)분배 = 수입업체(10)+수출업체(10)+1,2차 도매업체(20)+폭탄업체(25)+외국업체(30)
    2. ( )안은 부가가치세
자료: 서울중앙지검

□ 국세청은 금도매업자들이 면세금지금제도를 악용한 부가가치세 탈루에 대한 세무조사를 실시한 결과 2003~2005년 상반기까지 총 48건을 고발하고 8,422억원을 추징함
  ○ 추징액은 2003년 487억원, 2004년 4,765억원, 2005년 상반기 3,170억원임
  ○ 또한 폭탄업체 등을 이용한 가짜 세금계산서 부당거래금액 5조 359억원을 전자세금계산서 조기경보시스템 운영을 통하여 374명을 조사완료하여 적출, 2012년 10월 기준 3,736억원을 부과함

<표 III-5> 면세금지금제도 악용 부가가치세 탈루 조사실적

(단위: 억원)

	2003년	2004년	2005년 상반기	합계
추징액	487	4,765	3,170	8,422

자료: 국세청 홈페이지

<국내사례>

□ 국세청은 2009년 7월~2010년 1월 동안의 조세범칙세무조사 결과 ○○○○가 적용받은 매입세액공제액을 불공제 처리, 부가가치세와 법인세 및 가산세(증빙불비가산세) 등 총 522억원의 세금 추징
  ○ ○○○○는 2003년 1월~2004년 9월 기간 동안 G사 등 6개 금지금 도매업체로부터 총 2,900억원 상당의 세금계산서를 받은 후 이를 매입세액 공제해 부가가치세를 환급받음
  ○ 조세심판원은 본 업체가 2011년 '과세관청의 520억원 규모의 부가가치세 및 법인세 부과처분'에 대하여 제기한 심판청구에 대해 기각결정함
   - 이와 같은 세금계산서 거래는 이른바 폭탄영업을 실제거래로 위장하기 위한 명목상의 허위거래와 허위 세금계산서에 해당된다고 판단함

Ⅳ. VAT Gap

1. 개념 및 측정방법

가. 개념

□ 「VAT Gap」은 이론적 부가가치세 징수총액(VTTL)과 실제 징수금액(Actual VAT Receipts)과의 차이이며, 「VAT Gap」의 구성요소는 다음과 같음
  ① 조세범칙(Criminal Attack):
    - 행방불명 무역업자 사기(MTIC Fraud)
    - VAT 부정환급
  ② 체납(Debt)
  ③ 탈세(Evasion), 지하경제(Hidden Economy), 조세회피(Avoidance), 오류(Error), 법해석 차이(Legal Interpretation) 등

[그림 Ⅳ-1] 「VAT Gap」 구성도

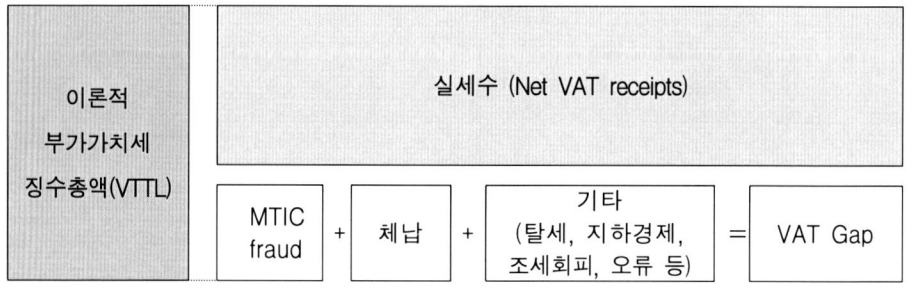

나. 측정방법

□ 영국 국세청(HMRC)은 국민계정(National Account Data)을 이용하는 Top-Down

방법으로「VAT Gap」을 추정하고, Bottom-Up 방법을 이용하여「행방불명 무역업자 사기금액(MTIC Fraud)」을 추정함
○ Top-Down 방법: 국민계정을 이용하여 이론적 부가가치세 징수총액(VAT Theoretical Tax Liability: VTTL)을 도출한 후, 실제 징수된 부가가치세 수입과 비교하여「VAT Gap」을 구함
  - 이론적 부가가치세 징수총액(VTTL)이란 만약 부가가치세 징수 시 발생하는 관련 사기행위(Fraud), 조세회피(Avoidance) 혹은 체납(debt) 및 이외의 세수손실이 발생하지 않았다고 가정할 때 발생하는 총징수액임
○ Bottom-Up 방법: 설문조사와 같은 정부기관 자료, 행정 및 운영상의 자료(Operational Evidence)를 기초로 하여 추정하는 방법임
  - 즉, 무역업자 사기가 시도되는 거래량 및 이로 인하여 부가가치세 세수에 미치는 영향을 측정하여「행방불명 무역업자 사기(MTIC Fraud)」로 인한 세수손실을 추정함
    ▪「행방불명 무역업자 사기(Missing Trader Intra-Community Fraud)」는「회전목마 사기(Carousel Fraud)」로도 불리우며, 특정 수출업자가 부가가치세가 면세되거나 영세율이 적용되는 재화를 공급받은 후 다른 무역업자에게 해당 물품을 공급·거래징수를 한 후 이를 납부하지 않는 것이 대표적임

□ 영국 국세청이 추정한「Tax Gap」은 2010~2011년 320억파운드(한화 약 54.9조원)로 해당 연도에 징수되어야 할 총액의 6.7%에 해당하며, 이 중 소득세 등이 144억 파운드로 가장 크며, 이어서 부가가치세와 법인세가 96억파운드, 41억파운드 순임
○ 반면, 세목별「Tax Gap 비율」은 부가가치세가 10.1%로 법인세 8.8%나 소득세 5.5%에 비하여 상대적으로 높은 것으로 나타남
  - Reckon LLP(2009)에 의하면, 영국의 2005~2006년「VAT Gap 비율」은 17%로 EU의 25개국 평균 12%보다 높은 수준임

<표 IV-1> 영국의 주요 세목별 Tax Gap

	부가가치세	법인세	소득세·사회보장기여금·자본이득세
Tax Gap	96억파운드	41억파운드	144억파운드
Tax Gap 비율	10.1%	8.8%	5.5%

자료: HMRC, *Measuring Tax Gaps 2012*, 2012. 10.

☐ 영국의 Tax Gap 중 「VAT Gap」은 약 96억파운드(한화 약 16.5조원)이며, 「VAT Gap 비율」은 10.1%임
  ○ 「행방불명 무역업자 사기(MTIC Fraud)」는 5억~10억파운드(한화 8,600억~1조 7,200억원)로 VAT Gap 중 5.2~10.4% 비중임
  ○ 기한 내 납부하지 않은 체납 등(Debt)은 9억파운드(한화 약 1조 5,500억원)로 VAT Gap 중 9.4% 비중임

<표 IV-2> 「VAT Gap」 추정치

(단위: 십억파운드, %)

	2006-07	2007-08	2008-09	2009-10	2010-11
Net VTTL[1]	87.8	91.5	91.2	80.0	94.9
Net VAT Recepts[2]	77.6	82.0	79.8	71.4	85.3
VAT Gap	10.2	9.6	11.3	8.6	9.6
- MTIC Fraud[3]	2.0~2.5	1.0~1.5	1.0~1.5	1.0~1.5	0.5~1.0
- Debt[4]	-	0.9	2.4	1.8	0.9
- Other Losses	7.7~8.2	7.2~7.7	7.4~7.9	5.3~5.8	7.7~8.2
VAT gap (%)[5]	11.6	10.5	12.4	10.8	10.1

주: 1) 이론적 부가가치세 징수 총액(VAT Theoretical Tax Liability: VTTL) - 부가가치세 환급 및 공제액(Refund and Deduction)
  2) 실제 징수세액
  3) 행방불명 무역업자 사기(Missing Trader Intra-Community Fraud: MTIC Fraud)
  4) Debt 관련 통계는 2007-08년부터 추정함
  5) VAP gap 비율은 부가가치세 이론적 징수액 대비 비율을 나타냄
  1. 영국국세청(HMRC)은 VAT Gap 구성요소 중 MTIC Fraud 및 Debt이 차지하는 비율만 추정하여 제공하고 있음
자료: HMRC, *Measuring Tax Gaps 2012*, 2012, p. 12.

[그림 IV-2] 영국의 2010-11년도 「VAT Gap」 구성비

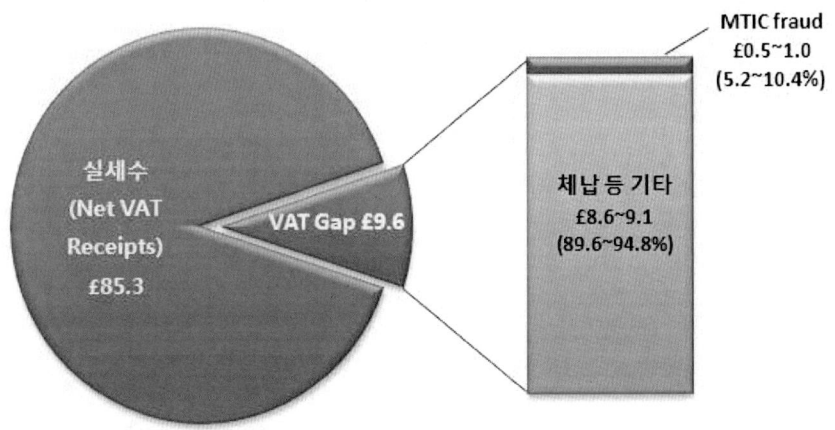

주: ( ) 안은 VAT Gap 대비 비중

2. EU 25개국의 VAT Gap

□ EC3)가 의뢰하여 EU회원국의 「VAT Gap」을 추정한 Reckon LLP(2009)의 연구결과에 의하면, 2006년 EU회원국의 「VAT Gap 비율」은 1 ~ 30% 범위에 분포되어 있으며, EU 25개국 평균 「VAT Gap 비율」은 12%로 추정됨
  ○ EU 25개국 평균 12%보다 높은 국가는 그리스, 헝가리, 영국, 오스트리아 등 총 9개국으로 나타남
    - 「VAT Gap 비율」이 가장 높은 국가는 30%인 그리스로 나타났으며, 이어서 슬로바키아와 헝가리가 각각 28%, 23%임
    - 「VAT Gap 비율」이 가장 낮은 국가는 1%인 룩셈부르크로 나타났으며, 이어서 아일랜드와 스페인이 2%의 순임
  ○ 주요 국가의 「VAT Gap 비율」은 이탈리아 22%, 영국 17%, 독일 10%, 프랑스 7%, 스페인 2%임

---

3) 유럽연합위원회(European Commission)는 2000~2006년을 대상으로 25개의 유럽연합 국가들의 VAT Gap에 대한 연구를 경제컨설팅기관(economics consultancy)인 Reckon LLP에 의뢰하여 VAT Gap을 추정하여 "Study to quantify and analyse the VAT gap in the EU-25 Member States"를 발표함

[그림 Ⅳ-3] EU 25개국의 「VAT Gap 비율」 비교(2006년)

(단위: %)

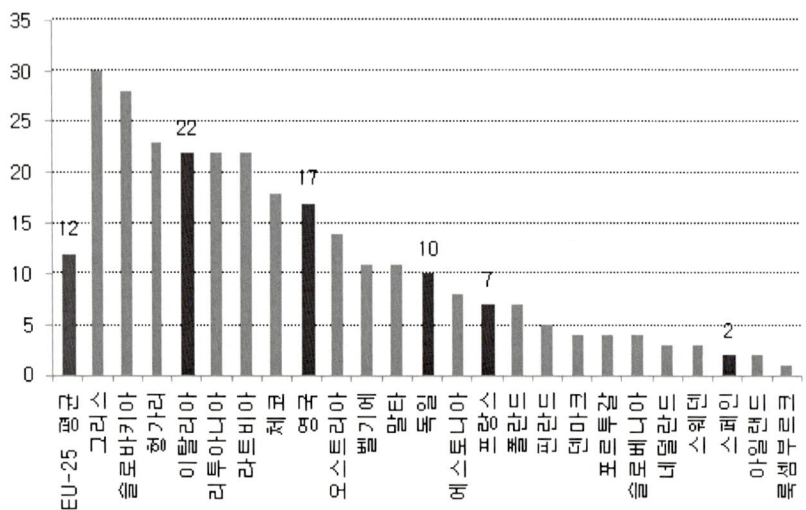

자료: Reckon LLP(2009), *Study to quantify and analyse the VAT gap in the EU-25 Member States*, p. 9

3. 우리나라의 VAT Gap

□ 우리나라의 「VAT Gap」을 2010년 산업연관표의 생산자가격기준으로 추정한 결과는 약 10.6조원이며, 「VAT Gap 비율」은 17.8%임
  ○ 2010년 기준 「VAT Gap」 약 10.6조원 중 결손 및 미정리체납액 3.1조원을 제외하면 폭탄업체 등의 부가가치세 탈루나 각종 조세회피 등으로 인한 기타 세수손실은 약 7.5조원에 이를 것으로 추정됨

<표 IV-3> 2010년 「VAT Gap」 (생산자가격 기준)

(단위: 억원)

구분	2010년 (생산자가격)
이론적 부가가치세 징수액	578,041
(±) 추가조정[1]	(+) 19,463
조정된 이론적 부가가치세 징수액 (A)	597,504
(-) 실제 부가가치세 징수액	(-) 491,212
VAT Gap (B)	106,292
VAT Gap 비율 (B/A)	17.8

주: 1) 추가조정은 가산조정(접대비, 비영업용소형승용차 매입세액불공제분), 차감조정(의제매입세액공제, 신용카드매출전표발행세액공제)을 고려한 금액임
    1. 2010년 산업연관표는 현재 생산자가격평가표만 제공되어 있기 때문에 생산자가격으로 Tax Gap을 추계함
    2. 2010.1.1일부터 신설된 지방소비세를 포함한 징수실적을 이용하는 경우의 2010년 VAT Gap은 약 8조원이며, VAT Gap 비율은 13.5%임
자료: 국세청, 『국세통계연보』, 2011, 한국은행, 『산업연관표』, 2010

□ 2010년 「VAT Gap 비율」 약 17.8%를 적용하여 2011년의 「VAT Gap」을 추정한 결과, 그 금액은 약 11.2조원이며 그 구성은 다음과 같음
○ 결손 및 미정리 체납액: 약 3.4조원
○ 폭탄업체 등의 부가가치세 탈루나 각종 조세회피 등으로 인한 기타 세수손실: 약 7.8조원

<표 IV-4> 2011년 「VAT Gap」 (생산자가격 기준)

(단위: 억원, %)

구분	2011년 기준
조정된 이론적 부가가치세 징수액 (A)[1]	631,471
(-) 실제 부가가치세 징수액	(-) 519,069
VAT Gap (B)	112,402
· 결손처분 및 미정리체납액	34,179
· 부정환급, 폭탄업체 등의 부가가치세 탈루 등 조세회피	78,223
VAT Gap 비율 (B/A)	17.8

주: 1) 추가조정으로 가산조정(접대비, 비영업용소형승용차 매입세액불공제분), 차감조정(의제매입세액공제, 신용카드매출전표발행세액공제)을 고려한 금액임
    1. 2010년 산업연관표는 현재 생산자가격평가표만 제공되어 있기 때문에 생산자가격으로 2010년 VAT Gap비율을 추계함
    2. VAT Gap 비율 (B/A)은 2010년 기준 17.8%를 이용하였으며, 2010.1.1일부터 신설된 지방소비세를 포함한 징수실적을 이용하는 경우 2010년 VAT Gap 비율은 13.5%임
자료: 국세청, 『국세통계연보』, 2012, 한국은행, 『산업연관표』, 2010

V. 해외 운영사례

1. EU 회원국의 VAT 매입자납부제도 추진동향

☐ 2006년 5월: 재정사기(Fiscal Fraud)에 대응하기 위한 논의 개시[4]
  ○ EU위원회(Commission)는 내부시장(Internal Market)에서 재정사기(Fiscal Fraud) 에 대응하기 위하여 방안으로 공동대처방안의 필요성에 대하여 EU 수준에서 의 심도 있는 논의를 시작할 것을 제안함

☐ 2007년 12월: 조세사기(Tax Fraud) 대응 필요성 수용[5]
  ○ EU이사회(Council)는 2007년 12월 조세사기(Tax Fraud)에 대응할 방안 및 유 해조세경쟁 등에 대하여 다루어야 한다는 EU위원회(Commission)의 결론을 수 용함

☐ 2008년 2월: 조세사기(Tax Fraud) 대응방안 제시[6]
  ○ 2008년 2월 EU 위원회에서는 VAT Fraud에 대응하기 위하여 VAT 시스템에 지대한 영향을 미치게 될 두 가지 방안에 대한 분석결과를 제시한 바, 그 중 하나가 「전면적인 부가가치세 매입자납부제도(General Reverse Charge System)」도입임
    - 전면적인 부가가치세 매입자납부시스템(General Reverse Charge System)
    - 역내거래 과세제도(System of Taxation of Intra-Community Transactions)

☐ 2008년 12월: 전면적인 매입자납부제도(General Reverse Charge System)에 대 한 합의 미도달
  ○ 그러나 이후의 EU 재무장관 회의(ECOFIN Council)에서 「전면적인 부가가치

---
[4] COM(2008) 807, 2008.12.1, p.3.
[5] Council Conclusions 4 December 2007, 15698/07 (Presse 270)
[6] COM(2008) 807, 2008.12.1, p.3.

세 매입자 납부제도(General Reverse Charge System)」등과 관련하여 상정된 안건은 합의점에 이르지 못하게 됨7)
○ 2008년 12월 EU위원회는 만일 지대한 영향을 미치게 될 매입자납부제도나 제도도입과 역내과세제도에 대하여 회원국이 정치적 합의점에 이르지 못할 경우, 조세사기(Tax Fraud)에 대응하기 위한 수단으로 소위 '전통적인(conventional)' 수단에 노력을 집중하기로 결정함

□ 2009년 9월: 부분 매입자납부제도(Targeted Reverse Charge System) 제안8)
○ 일부 회원국들은 부가가치세 지침(VAT Directive)9) 제395조에 의해 이사회에 부여된 수정권한에 따라서 VAT 사기에 노출되기 쉬운 부문이나 특정 재화에 대하여는 「부분 매입자납부제도(Targeted Reverse Charge System)」를 통하여 대처할 수 있도록 요청함10)
  - 2008년 12월 이후로 사기(Fraud)가 내부시장의 올바른 기능을 위한 주요 관심사로 부각되고 EU 회원국의 세수실적에 위협을 가하게 됨
○ 이에 따라 2009년 9월 EC는 VAT 사기가 발생하기 쉬운 특정 재화나 용역의 공급에 대하여는 부가가치세 「부분 매입자납부제도(The VAT Targeted Reverse Charge Mechanism)」를 선택적으로 적용할 것을 제안함
  - 온실가스 배출 허용(Greenhouse Emission Allowances)
  - 휴대폰(Mobile Telephones), 집적회로장치(Integrated Circuit Devices)
  - 향수(Perfume), 귀금속(Precious Metals)
  - 기타 회전목마 사기(Carousel Fraud)에 적합한 특정 재화 등

□ 2012년 6월: 부분 매입자납부제도(Targeted Reverse Charge System) 적용 촉구11)
○ EC는 Action Plan에서 모든 회원국들이 제안된 분야 중 부가가치세 매입자납

---

7) COM(2008) 807, 2008.12.1, p. 3
8) COM(2012) 722, 2012.12.6, pp. 4~5
9) Directive는 EU회원국 간에 동일하게 받아들여야 하는 Regulation과 달리 회원국의 상황을 반영하여 자국법의 교체가 가능함
10) COM (2009) 511, 2011.9.29, p. 2
11) COM(2012) 722, 2012.12.6, pp. 5~6

부제도가 아직 적용되지 않고 탈세위험이 높은 거래에 대하여는 「회전목마 사기(Carousel Fraud)」에 가장 효과적으로 대응할 수 있는 부가가치세 매입자납부제도를 동일한 조건으로 적용하도록 허용할 것을 촉구함
- 온실가스 배출 허용(Greenhouse Emission Allowances)은 2010년 이미 VAT 매입자납부제도 적용
- VAT 매입자납부제도가 아직 적용되지 않고 탈세위험이 높은 부문의 거래에 대하여 개별적으로 VAT 지침서를 수정할 경우 회원국의 조세사기 대응에 부정적인 영향을 미친다고 판단함
- 탈세위험이 높은 분야: 역외거래 또는 건설 또는 폐기물 등12)

2. EU 회원국의 행방불명 무역업자 사기(MTIC Fraud) 규모

□ 2007년 EC의 추정결과, EU의 「행방불명 무역업자 사기(Missing Trader Intra-Community Fraud, MTIC Fraud)」 규모는 2005~2006년 최대 148억유로(한화 약 20.7조원)임13)

○ 2005~2006년 사이에 영국의 「행방불명 무역업자 사기(MTIC Fraud)」 규모는 약 37.6억유로(한화 약 5.2조원)로 EU국가 중 가장 높은 약 25.4%를 차지하고 있음

○ 이어서 스페인과 이탈리아가 각각 25.8억유로(한화 3.6조원)로 17.3%, 23.2억유로(한화 약 3.3조원)로 23.2%임

○ EU국가의 「행방불명 무역업자 사기(MTIC Fraud)」 중 80% 이상을 영국, 스페인, 이탈리아, 독일, 프랑스가 차지하고 있음

---

12) COUNCIL DIRECTIVE 2010/23/EU of 16 March 2010
13) 또한 2008년 10월 영국의 BBC 방송은 행방불명 무역업자 사기에 의하여 유럽국가의 납세자들이 연간 최대 1,700억파운드(한화 약 292조원)의 비용을 부담하며, 이는 EU의 연간 예산의 약 2배에 달한다고 보도함

[그림 V-1] EU 주요국의 「행방불명 무역업자 사기(MTIC Fraud)」 추정치(2005-06)

(단위: 억유로)

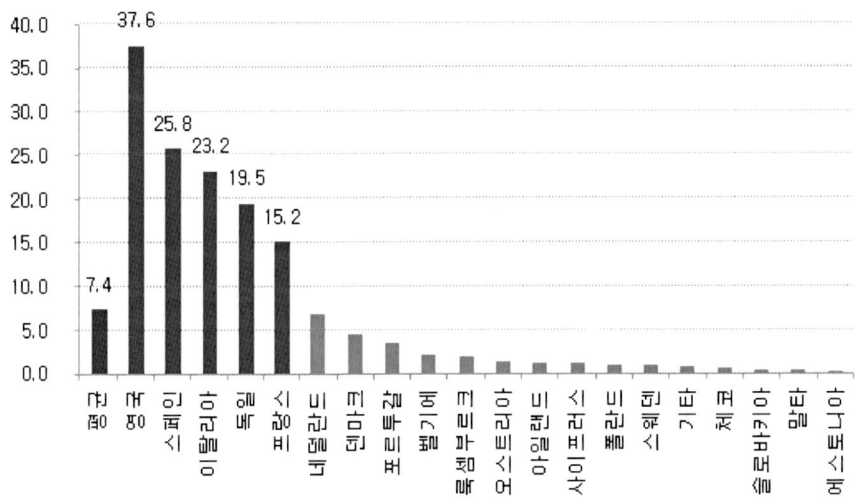

자료: Reckon LLP, *Study to quantify and analyse the VAT gap in the EU-25 Member States*, 2009, pp. 104~106, European Union Committee, *Stopping the Carousel: Missing Trader Fraud in the EU*, 2007, p. 131.

3. EU 회원국의 도입현황

가. 도입국가

□ EU 회원국 중 21개국이 매입자납부제도를 도입하였으며, 「행방불명 무역업자 사기(MTIC Fraud)」 추정치와 「VAT Gap 비율」이 높게 나타난 영국, 스페인, 독일, 프랑스, 이탈리아는 부가가치세 매입자납부제도(Reverse Charge System)를 모두 도입한 것으로 나타남
  ○ 「VAT Gap 비율」을 살펴보면, 이탈리아 22%, 영국 17%, 독일 10%, 프랑스 7%, 스페인 2%임
    - 「행방불명 무역업자 사기(MTIC Fraud)」에 대한 추정치는 영국 37.6억유로,

스페인 25.8억유로, 이탈리아 23.2억유로, 독일 19.5억유로, 프랑스 15.2억유로의 순임

○ 「VAT Gap 비율」과 「행방불명 무역업자 사기(MTIC Fraud)」 추정치가 미미한 룩셈부르크, 아일랜드 등의 국가는 예외적으로 일부 적용하고 있음

<표 V-1> EU국가 중 부가가치세 매입자 납부제도 도입 현황(2012년)

(단위: %, 억유로)

국가	VAT Gap 비율	행방불명 무역업자 사기 추정치	도입 여부
오스트리아	14	1.4	○
벨기에	11	2.2	○
체코	18	0.5	○
독일	10	19.5	○
덴마크	4	4.5	○
에스토니아	8	0.2	○
스페인	2	25.8	○
프랑스	7	15.2	○
아일랜드	2	1.2	△
이탈리아	22	23.2	○
룩셈부르크	1	2.0	△
말타	11	0.3	○
네덜란드	3	6.8	○
폴란드	7	1.0	○
포르투갈	4	3.6	○
스웨덴	3	0.9	○
슬로바키아	28	0.3	○
영국	17	37.6	○

자료: Reckon LLP, *Study to quantify and analyse the VAT gap in the EU-25 Member States*, 2009, p. 9
European Union Committee, *Stopping the Carousel: Missing Trader Fraud in the EU*, 2007, p. 131.
Centre for Regional Development of the CR, *Procedures for Value Added Tax for Services Connected with Immovable Property in Particular EU Member States (27)*, 2012, pp. 6~7

나. 적용대상 품목

□ EU국가에서는 특정 재화 또는 용역의 공급에 대해 공급받는 자가 부가가치세 납

부의 의무를 지는 국내대리납부(Domestic Reverse Charge)규정이 있음
- 영국의 경우 회전목마 사기를 방지하기 위해 2007년 6월 1일부터 "5천파운드 이상의 휴대폰 및 컴퓨터칩 공급"에 대해 매입자납부제도를 통하여 부가가치세를 징수하고 있음
- 영국 이외의 EU국가의 가장 대표적인 적용대상 품목은 투자금(investment)이 있으며, 건설공사, 담보·압류·법원결정으로 인한 재화의 이전, 중고자재·폐기물·고철, 부동산, 목재, 의류 등의 공급에 대해 매입자 납부방식으로 부가가치세를 징수하고 있음

<표 V-2> EU 주요국의 국내대리납부제도 적용대상 품목

국가	투자금	건설공사	담보·압류·법원명령	중고자재·폐기물·고철	부동산	기타
영국						휴대폰·컴퓨터칩
독일		○	○		○	
오스트리아		○	○	○		
벨기에	○					
스웨덴	○	○	○			
스페인	○					
루마니아		○	○	○	○	원목
네덜란드	○	○			○	조선, 의류
라트비아	○					목재
이탈리아				○		
핀란드	○					

자료: www.ibfd.org

4. 영국 사례

가. 도입배경

□ 영국의 경우 회전목마 사기를 방지하기 위해 2007년 6월 1일부터 "5천파운드 이

상의 휴대폰 및 컴퓨터칩 공급"에 대하여 매입자납부제도(Reverse Charge)를 도입하여 시행하고 있음
  ○ 영국의 1999~2000년 동안 「행방불명 무역업자 사기(MTIC Fraud)」로 인한 세수손실이 해마다 최소한 10억파운드에 달하였으며, 2005~2006년에는 20억~30억파운드로 절정에 이르게 됨
    - 2005~2006년 영국의 실세수는 730억파운드로 「행방불명 무역업자 사기(MTIC Fraud)」로 인한 세수손실이 차지하는 비중이 2.7~4.1%임

□ 2000년 9월, 영국 국세청(HMRC)은 「행방불명 무역업자 사기(MTIC Fraud)」를 차단하기 위하여 탈세업자를 적발하고 기소할 목적으로 VAT 등록절차 강화, 부가가치세 환급 시 입증 확대 등의 범국가적 차원의 전략을 추진하게 됨
  ○ 이러한 전략이 추진된 2000~2001년과 2001~2002년에는 「행방불명 무역업자 사기(MTIC Fraud)」가 감소하였으나 2004~2005년에 11.2억~19억파운드로 다시 증가하기 시작함

□ 영국 정부는 「행방불명 무역업자 사기(MTIC Fraud)」를 차단하기 위하여 법적 조치를 취하고 운영상으로 다각적인 방안을 도입하였으나 사기업자들의 신속한 대응으로 한계에 도달함
  ○ 이에 따라 2006년 2월, 영국 정부는 「행방불명 무역업자 사기(MTIC Fraud)」에 대응하기 위하여 사기와 주로 연관되는 재화에 대하여 매입자납부제도(Reverse Charge) 적용을 허용해 줄 것을 EU위원회에 요청함
    - EU VAT Directive 하에서는 공급자에 의한 부가가치세 납부를 원칙으로 하고 있는바, 동 제도의 도입은 이를 위반하게 되므로 EU위원회의 승인을 필요로 함

□ 2007년 4월 16일, EU위원회는 매입자납부제도(Reverse Charge)를 도입하여 시행하고자 하는 영국 정부의 요청을 승인함
  ○ 다만, 동 제도의 적용대상을 영국 정부에서 최초 요청한 광범위한 범위의 재화가 아니라 휴대폰(mobile phones) 및 컴퓨터칩(computer chips)으로 제한함

- 영국에서 「행방불명 무역업자 사기(MTIC Fraud)」에 가장 흔히 이용되는 재화는 휴대가 용이하고, 낮은 가격에 대량으로 운반이 가능하며, 고가인 경우임

□ 영국 정부는 매입자납부제도(Reverse Charge)의 시행과 운영상의 조치들로 인하여 2007~2008년 동안 5천만파운드의 세수손실을 방지할 것이라고 기대함
  ○ 최근 『The Mirrlees Review』14)에서는 부가가치세 관련 무역업자들의 탈세를 막기 위한 방안으로 다음의 두 가지를 제시함
    - 매입자납부제도(Reverse Charge) 도입
    - 수출제품에 적용되고 있는 영세율제도 폐지 또는 축소

나. 적용요건

□ 적용대상 재화를 공급하는 부가가치세 등록 사업자는 매입자납부제도(Reverse Charge)가 적용되는지 여부를 고려하여야 하며, 동 제도가 적용되는 재화를 구매한 사업자는 영국 국세청(HMRC)에 적용대상 재화의 구매로 인한 부가가치세를 납부하여야 함

□ 즉, 부가가치세 매입자납부제도(Reverse Charge)하에서 공급자가 아닌 매입자는 특정 재화의 공급에 대하여는 부가가치세를 영국 국세청(HMRC)에 납부할 의무가 있으며, 그 적용을 위해서는 다음과 같은 세 가지 요건을 모두 충족해야 함
  ○ [요건 1] 영국 내에서 이루어지는 특정 재화의 공급에 한하므로 다음의 경우에는 동 제도의 영향이 미치지 아니함
    - 매입자가 사업자가 아닌 경우
    - 다른 EU회원국으로의 재화의 이동
    - EU회원국 이외의 국가로의 수출
  ○ [요건 2] 부가가치세 포함 전 가격 기준으로 5천파운드 이상이어야 함

---

14) 노벨경제학상 수상자인 James Mirrlees를 편집 책임자로 하여 전 세계의 석학들로 연구진을 구성하여 영국의 조세제도가 21세기 개방경제 환경에 부합하기 위하여 어떤 방향으로 개선되어야 할지를 제시한 종합보고서임

- 동 금액은 송장(invoice)를 기초로 하며, 송장에 기재된 모든 적용대상 재화의 총가격이 5천파운드 이상일 경우 적용됨
- 다만, 적용대상 이외의 재화 및 서비스의 공급이 적용대상이 포함된 송장에 함께 기재되어 있는 경우에는 적용대상 이외의 재화 및 서비스는 동 제도가 적용되지 아니함
○ [요건 3] 공급받는 자는 사업자등록이 되어 있거나 사업자등록 의무가 있는 사업자에 한하여 적용하며, 사업 목적으로 당해 재화를 구입하는 것이어야 함
- 따라서 동 제도가 적용되는 재화를 공급하는 자는 매입자의 부가가치세 등록번호를 확보하고, 그 번호가 유효하고 조건이 일치하는지를 확인할 필요가 있음

다. 적용방법

1) 공급하는 자

□ 부가가치세 매입자납부제도(Reverse Charge)를 적용받는 공급자는 재화의 공급에 대해 부가가치세를 납부할 의무가 없음
○ 그러나 공급자는 매입자납부제도(Reverse Charge)가 적용된다는 사실을 송장(invoice)에 명시하여야만 함

□ 공급자는 매입자납부제도(Reverse Charge)가 적용되는 재화를 공급 시 통상적으로 부가가치세 송장(invoice)에 명시하는 필요한 모든 정보를 기재하여야 하며, 동 제도가 적용된다는 사실을 명확하게 하기 위하여 송장(invoice)에 주석을 달아 매입자가 부가가치세를 납부하도록 요청하여야 함
○ 주석으로 기재하는 문구에 대하여 법에서는 명시하고 있지 않으나 영국 국세청(HMRC)에서는 다음과 같은 형식을 제시하고 있음
- 매입자가 국세청(HMRC)에 £X의 매출세액을 납부함(Customer to pay output tax of £X to HMRC, UK customer to pay O/T of £X to HMRC)

☐ 매입자납부제도(Reverse Charge)가 적용되는 재화를 공급하는 자는 최초로 공급이 이루어진 날에 대하여 웹기반의 RCAL시스템((Reverse Charge Sales List System)을 이용하여 국세청(HMRC)에 통지하며, 계약서상 이름과 전화번호를 제공하여야 함
  ○ 또한 부가가치세 신고서 제출 시 매입자납부제도 판매목록(Reverse Charge Sales Lists: RCSLs)을 작성하여야 함
    - 영국의 부가가시체 신고는 일반적으로 매 3개월마다 이루어짐

2) 공급받는 사

☐ 부가가치세 매입자납부제도(Reverse Charge)하에서 공급자가 아닌 매입하는 자는 재화의 공급에 대해 부가가치세를 납부할 의무가 있음
  ○ 부가가치세액은 공급자가 발생한 부가가치세 송장(invoice)에 기재되어야만 하며, 동 세액은 공급이 이루어진 과세기간에 대한 부가가치세 신고 시 납부하여야 함
  ○ 매입자는 부가가치세를 납부할 의무가 있으나 부가가치세 신고 시 통상적인 규정에 따라 매입세액으로 공제받을 수 있는 권리가 부여됨

☐ 매입자납부제도(Reverse Charge)를 적용받는 매입자가 해당 재화를 다른 부가가치세 등록사업자에게 영국 내에서 공급하고 그 가액이 5천파운드 이상인 경우, 동 제도는 이후의 거래에도 적용됨

[그림 Ⅴ-2] 영국의 매입자납부제도(Reverse Charge) 기본개념도

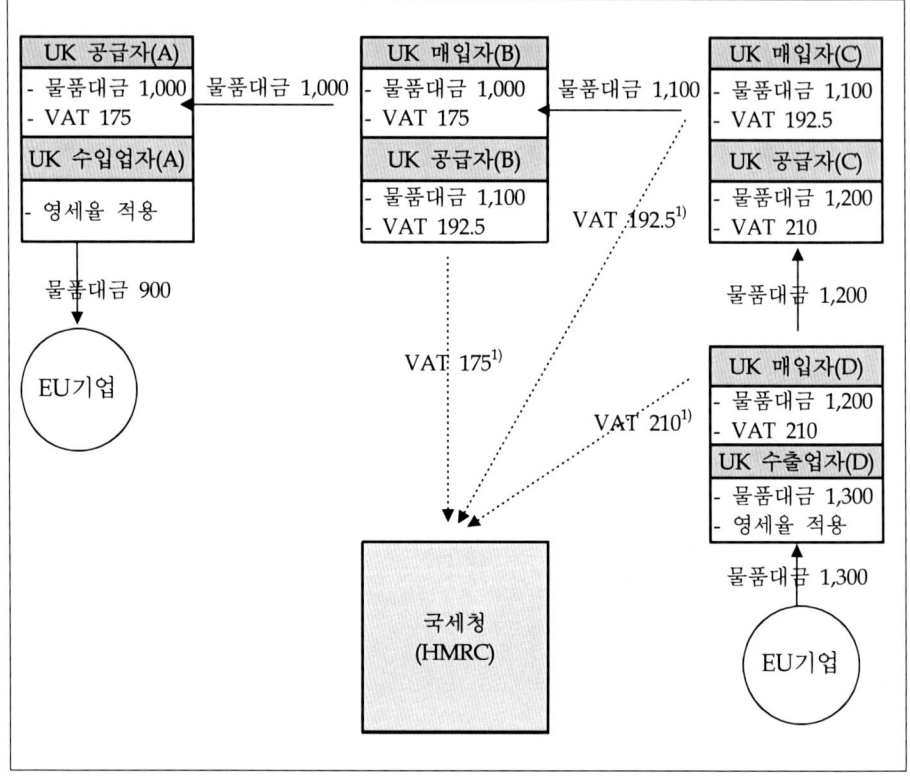

주: 1) 매입자는 부가가치세를 납부할 의무가 있으며, 부가가치세 신고 시 통상적인 규정에 따라 매입세액으로 공제받을 수 있는 권리가 부여됨
자료: www.pannone.com 홈페이지

VI. 국내 운영사례: 금 관련 제품에 대한 매입자납부제도

1. 도입배경

□ 금지금을 이용한 부가가치세 포탈을 근원적으로 차단하고 금지금 거래의 투명화를 위하여 금지금에 대하여는 매출자 납부방식에서 매입자 납부방식으로 전환하여 2008년 7월 1일부터 시행함[15]
  ○ 이전에는 매출자가 매입자로부터 부가가치세를 거래징수하여 납부토록 하는 제도를 악용, 무자료로 매입한 금지금을 과세로 매출하여 매입자로부터 부가가치세를 받은 후 이를 정부에 납부하지 않고 도주하는 방식의 부가가치세 포탈 사례가 빈번하게 발생함
  ○ 금지금을 거래하는 사업자는 금지금·귀금속의 제조업, 도매업, 소매업 등을 영위하는 사업자로서, 도입 당시 12,000명 정도로 추산함
  ○ 2009년 7월 1일부터는 탈세 소지가 여전히 남아 있는 고금을 부가세 매입자납부제도 적용대상에 추가하여 시행함

2. 주요내용

가. 적용대상

□ 금 관련 제품에 대한 매입자납부제도는 금사업자 간에 금지금 및 금제품을 거래하는 경우 매출자가 매입자로부터 부가가치세를 거래징수하지 아니하고, 매입자가 직접 지정금융기관을 통하여 정부에 납부하도록 하는 제도임
  ○ 사업자 간 거래에만 적용되므로 소매업자와 소비자 간의 거래 및 면세거래에는 적용하지 아니함

---

[15] 「조세특례제한법」 제106조의4, 「조세특례제한법 시행령」 제106조 의9

나. 적용방법

1) 금거래계좌를 이용한 대금결제 및 부가가치세액 입금

☐ 금 관련 제품을 공급하거나 공급받으려는 금사업자는 지정금융기관(신한은행)에 "금거래계좌"를 개설하여야 하며,16) 그 요건은 다음과 같음
  ○ 국세청장이 지정한 금융기관(신한은행)에 개설한 계좌일 것
  ○ 개설계좌의 명의인 표시에 상호가 함께 기재될 것(상호가 있는 경우)
  ○ 개설계좌의 표지에 "금거래계좌"라는 문구가 표시될 것

☐ 사업자는 사업장별로 둘 이상의 금거래계좌를 개설할 수 있으며, 금거래계좌를 이용하여 대금을 결제한 경우에는 「소득세법」에 따라 사업용계좌를 사용한 것으로 봄

2) 금거래계좌를 통한 대금 지급 및 부가가치세 처리

☐ 금사업자가 부가가치세가 과세되는 금 관련 제품을 매입 시 금거래계좌를 사용하여 공급가액과 부가가치세액을 지정금융기관의 본인 금거래계좌에 입금히여아 함17)
  ○ 지정금융기관은 제품가액은 매출자에게, 부가가치세는 부가가치세 관리계좌에 자동입금되도록 처리함
  ○ 2009. 7. 1. 이후 수입하는 분부터 금지금을 수입하는 경우 금지금을 별도로 수입신고하고 부가가치세를 금거래계좌로 입금함

---

16) 금거래계좌 정보는 부가가치세 관리기관(신한은행)을 통해 국세청에 통보되므로 세무서장 신고제를 폐지함
17) 「조세특례제한법」제7조의2에 따른 환어음·판매대금추심의뢰서, 기업구매전용카드, 외상매출채권담보대출제도, 구매론제도 및 네트워크론제도를 이용하여 금관련제품의 가액을 결제하는 경우에는 부가가치세액만 입금함 (2009.4.1. 이후 공급분부터)

□ 금 관련 제품을 공급받은 자가 입금한 부가가치세 매입세액은 그 금 관련 제품을 매출하는 때에 거래 상대방이 입금한 매출세액의 범위내에서 지정금융기관(신한은행)이 실시간 정산·환급함
  ○ 지정금융기관은 정산·환급하고 남은 부가가치세액을 예정 또는 확정신고기한에 사업자별로 국고에 입금함
  ○ 지정금융기관에 입금한 부가가치세액은 각 사업자별로 납부하여야 할 세액에서 공제하거나 환급받을 세액에 가산함

□ 공급받은 자가 입금한 부가가치세액은 금 관련 제품을 공급한 금사업자가 납부하여야 할 세액에서 공제하거나 환급받을 세액에 가산함

[그림 Ⅵ-1] 금거래 결제업무 흐름도

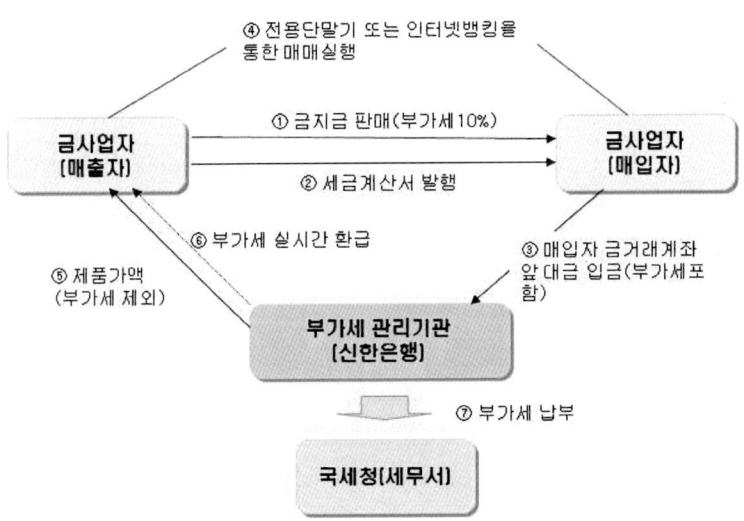

Ⅶ. 부가가치세 매입자납부제도 도입방안

1. 사업자와 최종소비자 간 거래(B2C 거래)

□ 신용카드사를 부가가치세 대리납부의무자로 지정함
  ○ 결제단계: 소비자 → 전자금융업자(신용카드회사) → 사업자 → 국가
  ○ 전자금융업자인 신용카드 사업자를 부가가치세 거래징수 및 대리납부자로 지정하여 사업자와 최종소비자 거래시 부가가치세 징세의 효율성 제고

□ 적용대상
  ○ 모든 신용카드 거래에 대하여 일괄 적용
  ○ 부가가치세 거래징수 특례적용 대상자를 업종별·사업자별로 구분하여 지정
  ○ 국세청의 신용카드 가맹점 권장대상 사업자를 부가가치세 거래징수 특례적용 대상자로 지정

[그림 Ⅶ-1] 신용카드 결제분 거래징수 개념도

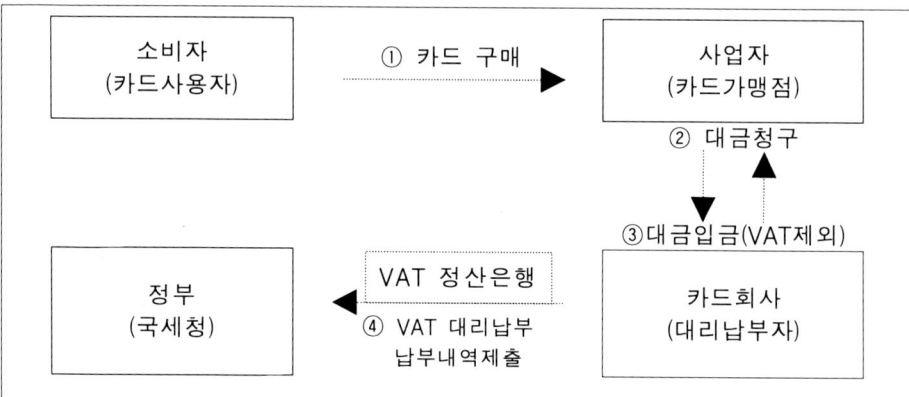

① 소비자(카드사용자)는 신용카드로 대금을 지급하고 물품을 구매
② 신용카드가맹점은 신용카드회사에 대금을 청구
③ 신용카드회사는 부가가치세를 제외한 금액을 카드가맹점에 대금으로 지급
④ 신용카드회사는 VAT 정산은행을 통하여 정부(국세청)에 매출세액을 대리납부하고 납부내역을 제출

[그림 VII-2] VAT 신용카드 결제분 거래징수 구현도

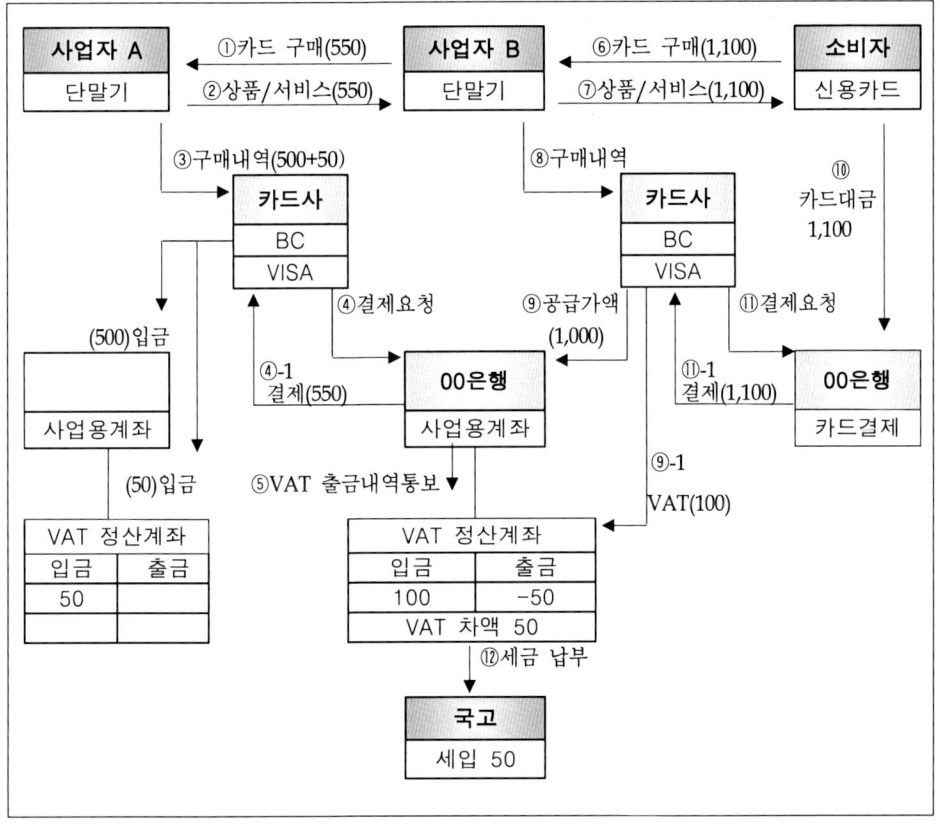

① 사업자 B는 사업자 A로부터 신용카드를 이용하여 부가가치세를 포함한 550원의 상품/서비스를 구매
② 사업자 A는 사업자 B에게 상품/서비스를 공급
③ 사업자 A의 단말기를 통하여 구매내역이 신용카드사에 전송
④ 신용카드사는 사업자 B의 사업용계좌 개설은행에 결제를 요청
④-1. 사업자 B의 사업용계좌 개설은행은 신용카드사에 부가가치세를 포함한 대금 550원을 결제
⑤ 사업자 B의 사업용계좌 개설은행은 VAT 정산계좌에 매입세액 50원의 출금내역을 통보
⑥ 소비자는 사업자 B로부터 신용카드를 이용하여 부가가치세를 포함한 1,100원의 상품/서비스를 구매

⑦ 사업자 B는 상품/서비스를 소비자에게 공급
⑧ 사업자 B의 단말기를 통하여 사용내역이 신용카드사에 전송
⑨ 신용카드사는 사업자 B의 사업용계좌 개설은행에 공급가액 1,000원을 입금(결제)
⑨-1. 신용카드사는 사업자 B의 사업용계좌 개설은행의 VAT 정산계좌에 사업자 B의 매출세액 부가가치세 100원을 입금
⑩ 소비자는 부가가치세를 포함한 대금 1,100원을 거래은행에 입금(결제)
⑪ 신용카드사는 소비자의 거래은행에 결제를 요청
⑪-1. 소비자의 거래은행은 신용카드사에 부가가치세를 포함한 대금 1,100원을 지급(결제)
⑫ 신고기간 도래시, VAT 정산계좌를 통하여 차액 50원의 세금이 국고에 납부

2. 사업자와 사업자 간 거래(B2B 거래)

□ 「사업자-사업자」 간 거래에 있어서는 부가가치세의 거래징수제도를 납세자의 세무이행 능력과 납세자 간 역학관계를 고려하여 탄력적으로 운영
  ○ 고의 체납자 등 불성실 사업자, 부가가치세 전가가 곤란한 한계기업, 생계형 영세사업자 등에 대하여 부가가치세 거래징수 특례제도를 운영

[그림 Ⅶ-3] B2B 거래 시 기본 개념도

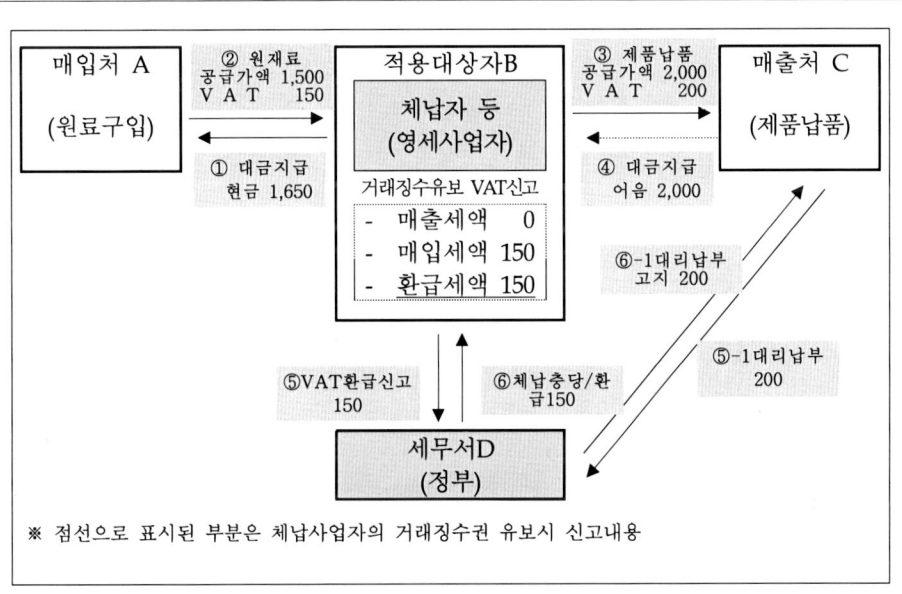

※ 점선으로 표시된 부분은 체납사업자의 거래징수권 유보시 신고내용

① 부가가치세 거래징수 특례적용 대상자인 사업자 B가 매입처 A로부터 공급대가 1,650원(VAT 150원)의 원재료 매입
② 사업자 B는 구입대가로 1,650원을 현금 지급(결제)
③ 사업자 B가 매출처 C에 공급대가 2,200원(VAT 200원)의 제품을 매출
④ 매출처 C는 제품납품 대가로 부가가치세를 제외한 공급가액 2,000원을 사업자 B에게 어음으로 지급
⑤ 사업자 B는 매입세액 150원을 세무서 D에 환급신고
⑤-1. 매출처 C는 사업자 B의 매출세액 200원을 세무서 D에 대리하여 납부
⑥ 세무서 D는 사업자 B의 매입세액 150원을 체납세액에 충당하거나 환급
⑥-1. 세무서 D는 매출처 C에 200원의 대리납부를 고지

[그림 VII-4] 전자적 거래징수 개념도(통신/금융/IT/조세 통합)

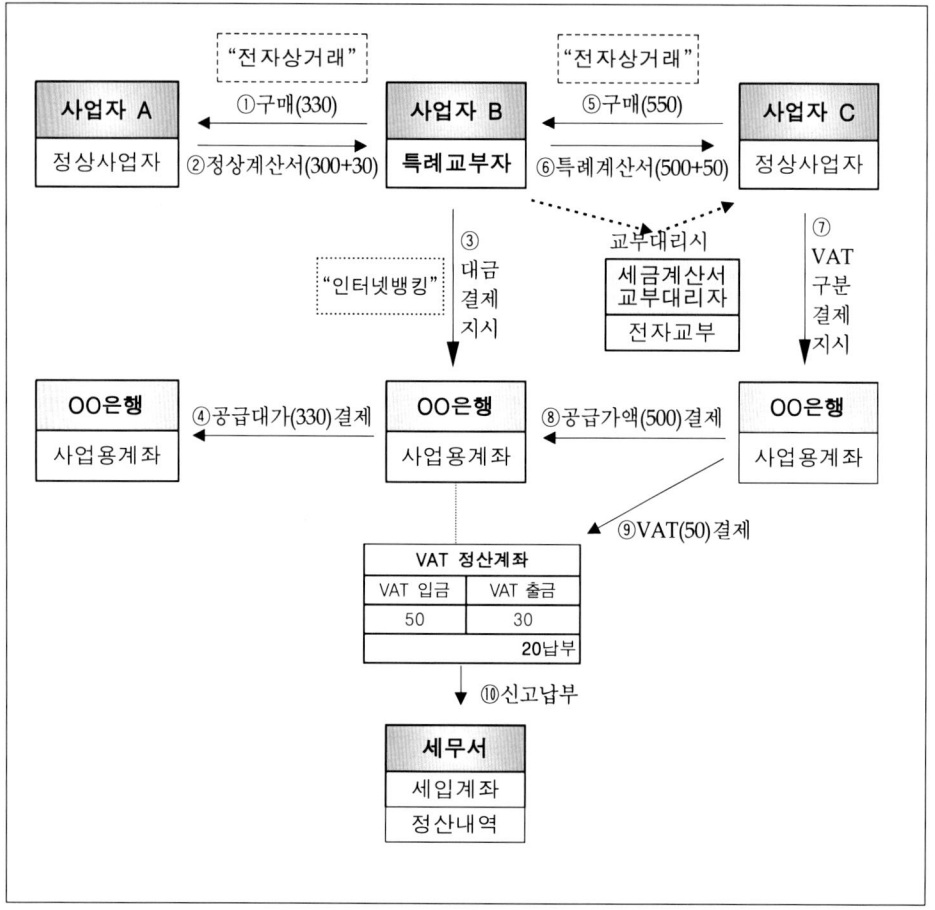

① 전자상거래를 통하여 특례교부자인 사업자 B는 사업자 A로부터 공급대가 330원(공급가액 300원, VAT 30원)의 물품을 구매
② 사업자 A는 사업자 B에게 정상 세금계산서를 교부
③ 사업자 B는 사업용계좌 개설은행에 사업자 A에게 대금을 결제할 것을 지시
④ 사업자 B의 사업용계좌 개설은행은 부가가치세를 포함한 공급대가 330원을 사업자 A의 사업용계좌 개설은행에 지급
⑤ 전자상거래를 통하여 사업자 C는 특례교부자인 사업자 B로부터 공급대가 550원(공급가액 500원, VAT 50원)의 물품을 구매

⑥ 특례교부사업자 B는 공급가액 500원, 부가가치세 50원에 대하여 특례계산서를 발행하며, 세금계산서를 대리·교부하는 자는 전자교부
⑦ 사업자 C는 공급가액과 부가가치세를 구분하여 결제할 것을 사업용계좌를 개설한 은행에 지시
⑧ 사업자 C의 사업용계좌 개설은행은 공급가액 500원을 사업자 B의 사업용계좌 개설은행에 지급(결제)
⑨ 사업자 C의 사업용계좌 개설은행은 특례교부사업자 B의 매출세액 50원을 사업자B의 사업용계좌 개설은행의 VAT 정산계좌에 지급
⑩ 신고기간 도래시 사업자 B의 사업용계좌 개설은행은 VAT 입·출금 정산 후의 잔액 20원을 세무서에 납부

Ⅷ. 기대효과

<부가가치세의 거래징수 및 매입자납부제도>

[그림 Ⅷ-1] 부가가치세(간접세) 거래징수 개념도

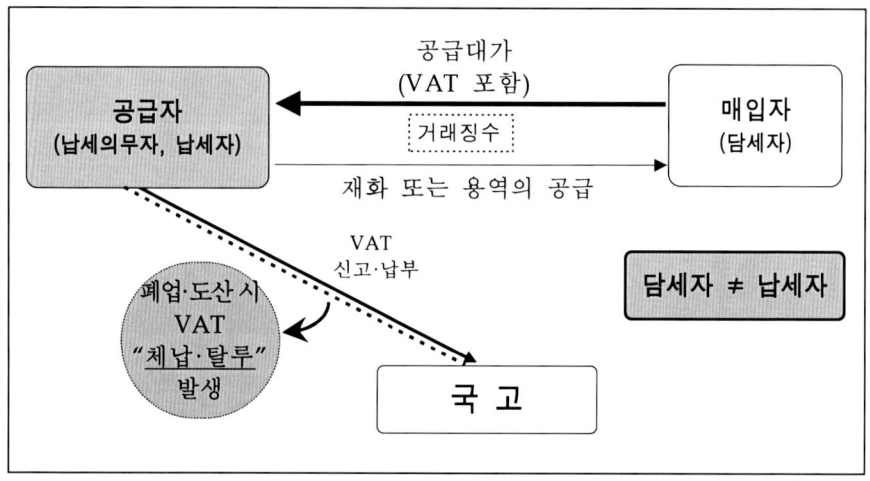

※ 담세자는 세금을 납부하였으나 공급자인 납세자가 세금을 국가에 납부하지 않고 탈루함

[그림 Ⅷ-2] 부가가치세 매입자납부제도 기본 개념도

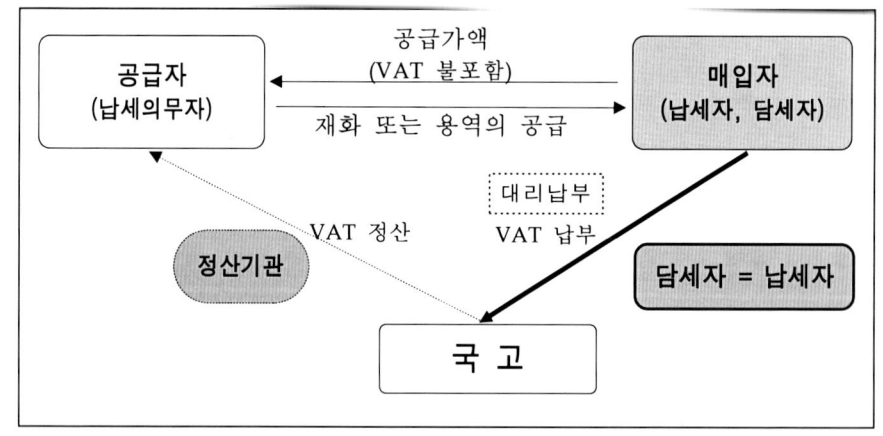

1. 세수증대 효과

□ 현재 공급자 납부제도를 근간으로 하고 있는 부가가치세제를 매입자 납부제도로 전면적으로 전환하기는 어려울 수 있음
　○ 그러나 해외사례에서 보듯이 부분적인 시행을 통해서도 세수 탈루를 방지함으로써 상당한 세수증대 효과를 볼 수 있을 것으로 기대
　○ 만일 전면적으로 시행한다면 세수증대효과는 연간 [최대(5.3조~7.1조원) + α][18]까지도 기대 가능하다고 보나, 본 보고서에서 제시한 바와 같이, 제도 안착을 위하여 B2C와 B2B 거래에 대하여 부분적으로 우선 시행할 경우 기대되는 세수효과는 적용범위에 따라 다르게 나타날 것임
　○ B2C 거래 시 신용카드사를 부가가치세 대리납부의무자로 하여 신용카드 거래에 대하여 우선 적용함
　○ B2B 거래 시 납세자의 세무이행능력을 고려하여 탄력적으로 운용함
　　- 고의 체납자 등 불성실 사업자, 부가가치세 전가가 곤란한 한계기업, 생계형 영세사업자 등에 대하여 부가가치세 거래징수 특례제도를 운영

□ 2010년 「VAT Gap 비율」 약 17.8%를 이용하여 2011년의 「VAT Gap」을 추정한 결과는 약 11.2조원이며, 이외 통계에 잡히지 않는 지하경제로 인한 부가가치세 탈루를 감안할 때 그 규모는 더 클 것으로 추정됨
　○ 2011년 「VAT Gap」은 약 11.2조원으로
　　- 이 중 결손 및 미정리 체납액이 약 3.4조원이며,
　　- 폭탄업체 등의 부가가치세 탈루나 각종 조세회피 등으로 인한 기타 세수손실이 약 7.8조원으로 추정됨

---

[18] 결손 및 미정리체납액 방지를 통하여 최대 3.4조원, 폭탄업체(MTIC Fraud) 방지를 통하여 1.9조~3.7조원, 기타 법인세·소득세 증가효과, 지하경제양성화 효과 등을 통하여 α만큼의 세수를 기대

[그림 VIII-3] 2011년 「VAT Gap」 (생산자가격 기준)

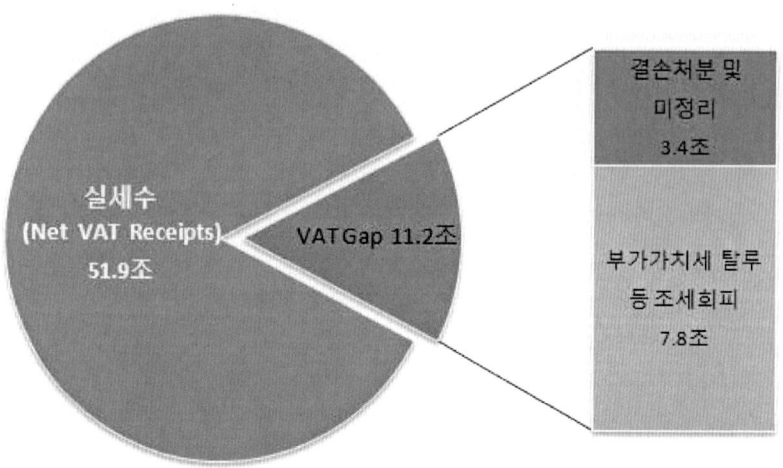

주: 1. 2010년 「VAT Gap 비율」 약 17.8%를 적용하여 2011년의 「VAT Gap」을 추정하였으며, 2010년 산업연관표는 현재 생산자가격평가표만 제공되어 있기 때문에 생산자가격으로 2010년 VAT Gap비율을 추계함
2. 2010.1.1일부터 신설된 지방소비세를 포함한 징수실적을 이용하는 경우 2010년 VAT Gap 비율은 13.5%임
자료: 국세청, 『국세통계연보』, 2011~2012, 한국은행, 『산업연관표』, 2010

<표 VIII-1> 「VAT Gap」 구성요소

구성요소	주요 내용
조세범칙 (Criminal Attack)	- 행방불명 무역업자 사기(Missing Trader Intra-Community: MTIC Fraud) - 부가가치세 부정환급사기(VAT Repayment Fraud)
체납(Debt)	- 신고하였으나 납부되지 않은 금액
기타 (Other Losses)	- 탈세(Evasion) - 지하경제(Hidden Economy) - 조세회피(Avoidance) - 법해석(Legal Interpretation) 차이 - 오류(Error) 등

자료: HMRC, *Measuring Tax Gaps 2012*, 2012. 10.

□ 우리나라의 행방불명 무역업자 사기(MTIC Fraud)나 부가가치세 부정매입세액환급으로 인한 세수손실 규모에 대한 정확한 통계는 제공되지 않지만 영국의 사례를 비추어 볼 때 상당한 규모에 이를 것으로 추정할 수 있음
  ○ 영국의 경우 「VAT Gap」 중에서 「체납으로 인한 VAT Gap」이 차지하는 비중이 약 9.4%이고, 「행방불명 무역업자 사기(MTIC Fraud)로 인한 VAT Gap」의 비중은 약 5.2~10.4%에 달해 이를 우리나라에 적용할 경우 체납 이외에 추가적으로 1.9조~3.7조원을 징수할 수 있을 것으로 기대됨
    - 3년간(2003~2005년 상반기) 면세금지금제도를 악용한 부가가치세 탈루 조사실적은 8,422억원임
  ○ 특히, 영국 국세청 추정결과 「VAT Gap」 중 체납과 행방불명 무역업자 사기(MTIC Fraud)가 차지하는 비중은 15~20%에 불과하고,
    - 기타 지하경제(Hidden Economy), 조세회피(Avoidance), 탈세(Evasion), 오류(Error), 법해석(Legal Interpretation) 차이 등으로 발생하는 VAT Gap이 80~85%를 차지하고 있음

[그림 VIII-4] 영국의 2010-11년도 VAT Gap

(단위: 십억파운드)

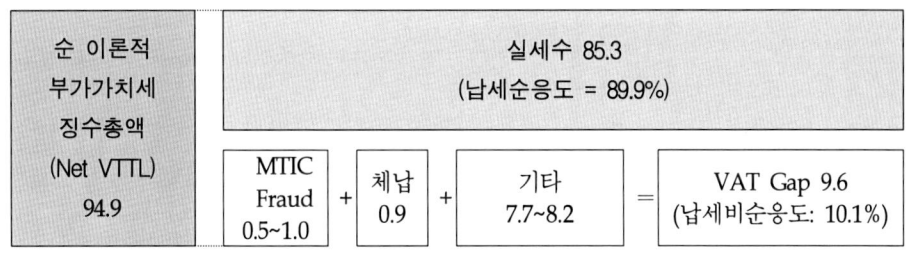

주: 1. 납세순응도 = 실세수/순 이론적 부가가치세 징수총액
    2. 납세 비순응도 = Tax Gap/순 이론적 부가가치세 징수총액

2. 징세비용 절감

□ 매입자납부제도 도입은 자료상 조사로 인한 불필요한 징세비용을 크게 절감시킬 것으로 판단됨

○ 자료상 조사 실적을 살펴보면, 2011년 기준 해당연도 중 자료상 조사인원 2,000명 중 1,410명을 고발하였으며, 그 비중이 70.5%에 이르고 있음
○ 전단계세액공제법이 가진 거래징수의 제도상 한계로 인한 허위 세금계산서 수수와 가공비용 계상 등에 대한 자료상 조사는 2010년 기준 전체 조사건수의 12%를 차지하고 있음

□ 자료상 문제 근절 등을 통한 세금계산서 수수의 정상화가 이루어져 자료상 조사이나 세무조사에 투입된 조사인력이 추가 징수를 위한 다른 업무에 활용될 수 있으므로 징수업무의 효율성을 제고시킬 수 있음
○ 부가가치세의 조사실적을 살펴보면, 국세청은 2011년 4,592명을 세무조사하여 당초 과세표준보다 약 11조 4,200억원을 적출하여 부가가치세 약 5,800억원을 추가로 징수함
○ 실물거래증빙으로 확인되지 않는 무자료거래 등 유통질서 문란행위가 지속적으로 발생하고 있어 무자료거래 적발은 한계에 도달함
  - 2010년 유통거래질서에 대한 71명의 기획조사 결과 1,200억원을 추징함

□ 또한, 공급자와 수요자간 역학관계 및 납부의무의 이행가능성을 고려한 매입자납부제도의 도입은 부가가치세의 징수와 관련한 비효율성을 개선함으로써 납세편의를 제고하고 탈세를 방지하여 조세수입의 안정적 확보를 가능하게 할 것임
○ 부가가치세는 납세자가 본인의 세금이 아닌 담세자의 세금을 징수하여 납부하는 간접세로 납세자가 담세자로부터 징수된 세금을 탈루하지 않고 그대로 국고로 납부하는 납부의무의 이행이 가장 중요함
  - 그러나 부가가치세 체납은 2011년 기준 약 6.7조원에 달하고 있으며, 이 중 결손 및 미정리 체납액 비중은 51%임
○ 따라서 소득세 등 직접세에 적용되는 원천징수의 개념을 의무이행능력, 실무상의 편의를 감안하여 일부 사업자에 한하여 부가가치세에도 적용하는 방안을 모색하여야 할 필요가 있음
  - 「법인세법」 제73조에서는 금융기관 등의 원천징수 대리 금융기관과 법인에

별도의 대리 및 위임의 관계가 설정되어 있지 아니한 경우라도 금융기관이나 법인의 월등한 원천징수 의무이행능력, 실무상의 편의를 감안하여 금융기관이나 법인을 원천징수의무자로 의제한다고 규정하고 있음

3. 부당환급 방지

□ 자영사업자의 경우 신용카드 활성화정책 등으로 과세인프라가 확충됨에 따라 과세표준이 노출되어 납부세액이 늘어나자 세부담 축소를 위해 위장·가공매입 등을 통해 부당환급을 받는 사례가 발생하고 있음
  ○ 또한 수출서류 위·변조 또는 수출품목을 허위기재하여 영세율을 적용받거나, 위장사업자가 자료상 등과 공모하여 허위의 매입세금계산서를 만들어 부가가치세를 환급받는 등 부가가치세 부당환급은 점차 지능화·다양화해지고 있음

□ 따라서 매입자납부제도의 도입은 위장·가공세금계산서 수취, 무신고·무납부자와의 거래 등으로 인한 부당환급을 사전에 예방할 수 있을 것으로 기대됨
  ○ 특히, 허위세금계산서 판매와 같은 자료상 행위는 주로 부가가치세 신고기간 중에 이루어지고 있는 것으로 나타남
    - 환급신고자가 단기간에 위장법인으로부터 고액의 매입거래를 한 후 위장법인이 허위세금계산서를 교부하여 신고만 한 후 세금은 납부하지 않는 것임
  ○ 국세청은 2006년 1~10월 동안 13,132명에 대하여 서면분석 및 현지확인 등을 통하여 1,991억원의 부당환급을 추징한 바 있음

참고문헌

곽태원·현진권, 『조세론』, 법문사, 2007.
국세청, 『국세통계연보』, 각 연도
김재진, 『부가가치세 매입자 납부제도를 통한 거래징수 효율화 방안』, 한국조세연구원, 2010.11
임승순,『조세법』, 박영사, 2011
한국개발연구원, 『한국경제 60년사』, Ⅰ, 2010
한국은행, 『산업연관표』, 2010

Centre for Regional Development of the CR, *Procedures for Value Added Tax for Services Connected with Immovable Property in Particular EU Member States (27)*, 2012. 09.
EC, COM (2004) 260, *Report from the Commission to the Council and the European Parliament on the use of administrative cooperation arrangements in the fight against VAT fraud*, 2004.
_____, COM (2006) 254, *Communication from the Commission to the Council, the European Parliament and the European Economic and Social Committee: Concerning the Need to Develop A Co-Ordinated Strategy to Improve the Fight Against Fiscal Fraud*, 2006.
_____, COM (2008) 109, *Communication from the Commission to the Council and the European Parliament: On Measures to Change the Vat System to Fight Fraud*, 2008.
_____, COM (2008) 807, *Communication from the Commission to the Council, the European Parliament, the European Economic and Social. Committee: On a Coordinated Strategy to Improve the Fight against VAT Fraud in the European*, 2008.
_____, COM(2009) 511, *Council Directive: Amending Directive 2006/112/EC as regards an optional and temporary application of the reverse charge mechanism in relation to supplies of certain goods and services susceptible to fraud*, 2011
_____, COM(2012) 722, *Communication from The Commission to The European*

제2주제

비과세 감면제도 정비를 통한 세수확보 방안

김학수

목 차

Ⅰ. 연구의 배경 ·· 63

Ⅱ. 국세감면 현황 및 추이 ·· 66
  1. 연도별 국세감면 현황 및 추이 ·· 66
  2. 국세감면 유형별 현황 ·· 69
  3. 수혜자별 국세감면 현황 ·· 70
  4. 일몰 연도별 조세지출 현황 ·· 72

Ⅲ. 비과세·감면제도 관리체계 ·· 77
  1. 총량관리 ·· 77
  2. 사전관리 ·· 78
  3. 사후관리 ·· 80
  4. 조세지출 성과관리제도 ·· 81

Ⅳ. 비과세·감면제도의 합리적 정비방안 ······································ 85
  1. 기본 정비방향 ·· 85
  2. 조세지출 성과관리체계 ·· 86
    가. 조세지출 성과관리체계의 필요성 ···································· 86
    나. 조세지출 성과관리체계 도입에 필요한 선결과제 ········ 89
  3. 비망항목에 대한 관리 ·· 91
    가. 비망항목 조세지원 현황과 관리의 필요성 ···················· 91
    나. 비망항목 관리원칙 ·· 93
  4. 세수확보 가능성 및 한계 ·· 93

Ⅴ. 시사점 ·· 96

참고문헌 ·· 98

표 목 차

<표 Ⅱ-1> 국세감면액 및 국세수입총액 추이 ·· 67
<표 Ⅱ-2> 국세감면 유형별 규모 및 비중 추이 ·· 70
<표 Ⅱ-3> 국세감면액 및 조세지출에 따른 수혜자별 지원현황 ································ 72
<표 Ⅱ-4> 일몰 예정 연도별 조세지출 현황 ·· 73
<표 Ⅱ-5> 2013년 일몰 예정 10대 조세지출 항목 ·· 74
<표 Ⅱ-6> 2014년 일몰 예정 10대 조세지출 항목 ·· 75
<표 Ⅱ-7> 2015년 일몰 예정 10대 조세지출 항목 ·· 76

<표 Ⅳ-1> '미흡' 이하의 재정사업 자율평가 결과에 따른 조치현황 ······················ 87
<표 Ⅳ-2> 10대 비망항목 조세지원 현황 ·· 92

그림 목차

[그림 Ⅱ-1] 국세감면율 실적 및 법정한도와 GDP 대비 국세감면액 비중 추이 ······· 69

Ⅰ. 연구의 배경

□ 비과세·감면제도는 특정 경제활동을 장려하거나 특정 계층을 보호하는 등의 정책목표를 달성하기 위해 도입되었으나, 연간 30조원 규모의 세수손실을 초래
  ○ 국세감면제도의 정비는 재정지출 재원 마련 및 재정건전성 확보를 위해 필요할 뿐만 아니라 궁극적으로 조세형평성 및 제도의 실효성·타당성 제고를 위해 반드시 필요
  ○ 이러한 논의는 매우 오랜 기간 지속되어 왔으나 각 제도의 이해당사자들의 강한 저항에 부딪혀 일관성 있는 정책기조를 유지하는 데 어려움이 상존하며 여러 비과세·감면제도들의 항구화 및 기득권화되는 경향
  ○ 따라서 비과세·감면제도의 정비를 위해서는 납세자들이 공감할 수 있는 합리적이고 체계적인 정비방안을 마련하고 이를 일관되게 시행하는 정책이 긴요

□ 박근혜 정부는 향후 중산·서민층 지원 및 성장잠재력 확충 등을 위한 재정지출 재원과 공약사항 이행에 필요한 재원 마련을 위해 비과세·감면제도의 정비를 국정과제에 포함
  ○ 일몰이 도래하는 경우 해당 비과세·감면제도를 종료하는 것을 원칙으로 삼고 꼭 필요한 경우에 한하여 보다 엄격한 검토과정을 거쳐 일몰을 연장하도록 제안
  ○ 또한 비과세·감면제도의 수혜대상자들이 일몰에 대비할 수 있도록 일몰종료를 사전에 적극 홍보함으로써 일몰종료에 대한 저항을 최소화할 것을 함께 제안

□ 2011년 11월과 2012년 1월에 개최된 舊「재정관리위원회」제4차 및 5차 회의에서 비과세·감면제도의 새로운 합리적 정비방안으로 조세지출 성과관리제도 도입의 필요성을 논의하고 이후 법적·제도적 기반을 구축
  ○ 2012년 1월 舊「재정관리위원회」5차 회의 이후 기획재정부의 '조세지출

성과관리 제고방안'이 「재정관리협의회」에 보고(2012.7.23)되고 2012년 세법개정안에 반영(2012.8.8)
- ○ 2013년 1월 조세특례제한법 제142조를 개정하고 동법 제142조의 2(과거 국가재정법 제27조)를 신설함으로써 조세지출 관리체계에 성과평가 요소를 도입할 수 있는 법적 근거를 마련
  - 제142조 제4항에 조세특례에 대한 평가를 실시할 수 있다고 규정
  - 기획재정부는 조세지출에 대한 성과관리를 위한 자율평가 및 심층평가 시행을 위한 예산을 확보하고 준비 중

☐ 박근혜 정부의 비과세·감면제도 정비에 대한 강력한 정책의지와 함께 올해부터 도입될 조세지출 성과관리체계가 보다 실효성 있는 합리적 정비방안으로 자리잡기 위한 선결과제들을 살펴볼 필요
  - ○ 현재 조세지출 성과관리 대상은 국세감면제도들 중에서 조세특례제한법에 규정된 항목들 중 일부임
    - 개별 세법에서 규정하고 있으나 조세지출의 특성과 일반적 조세체계의 특성을 함께 갖고 있는 항목들인 비망항목들에 대한 관리방안도 보다 적극적으로 고려할 필요
  - ○ 새롭게 도입·시행될 조세지출 성과관리는 크게 자율평가와 종합평가로 구분되며 이들 평가에 필수적인 많은 통계자료는 국세청에서 엄격하게 관리하고 있어서 양질의 많은 통계자료 활용에 제약
    - 원활한 성과평가와 평가결과의 신뢰도 및 활용도 제고를 위해서는 개별 정보보호법의 범위 안에서 국세청 납세자료의 활용 방안을 중심으로 국세청의 역할을 모색할 필요

☐ 박근혜 정부의 비과세·감면제도 정비의 기본원칙에 따라 세수확보 가능성과 한계를 가늠해 봄으로써 향후 재정건전성 확보 및 재정지출 재원 마련 방안 개선에 기여
  - ○ 비과세·감면제도의 정비는 집권 초기에 강력하게 추진되어야 성공할 수

있으므로 입법부의 역할이 요구됨
○ 조세지출 합리화 수준은 세출구조조정 수준에 부합하는 10% 축소를 목표로 추진하고 박근혜 정부 집권 첫해에 중장기 비과세·감면제도 정비방안을 구체화할 필요
 - 약 200개의 항목으로 구성되어 있는 비과세·감면제도를 하나하나 면밀히 검토하는 것도 필요하지만, 정부는 중장기 정비계획을 2013년 세법개정안에 포함하고 국회에서 일괄 심의·의결하는 방안도 고려할 필요

Ⅱ. 국세감면 현황 및 추이

1. 연도별 국세감면 현황 및 추이

□ 우리나라의 국세감면액 2011년 실적과 2012년 잠정치는 각각 29.6조원과 29.7조원 수준으로 나타났으며 2000년 13.3조원 규모에서 지속적으로 증가하던 추이가 2009년 31.1조원을 정점으로 소폭 하향 안정화되는 추이
  ○ 2013년 전망치는 29.8조원으로 나타나며 당분간 큰 폭의 증가 없이 30조원을 소폭 하회하는 안정적 수준이 지속될 것으로 예상
  ○ 국세감면액 증가율은 2000년 초반 이후 2009년까지 2002년·2006년·2007년 3개 연도를 제외하고 줄곧 국세수입 증가율을 상회하였으나 2010년 이후 마이너스 증가율 또는 하회하는 양상
    - 국세감면액 증가율: 2010년 -3.41%, 2011년 -1.33%, 2012년(잠정) 0.44%, 2013년(전망) 0.11%
    - 국세수입 증가율: 2010년 7.42%, 2011년 8.25%, 2012년(잠정) 5.67%, 2013년(전망) 6.44%

□ 전체 감면액 중 직접세 감면이 차지하는 비중은 2012년 75% 수준으로 나타나서 국세감면은 소득세 및 법인세 등 직접세 중심으로 이루어짐
  ○ 간접세 감면 비중은 2012년 24% 수준이고 관세 감면 비중은 1%에 미치지 못하는 것으로 나타났음
  ○ 이러한 추이는 2000년 초반 이후 큰 변화 없이 지속됐지만 직접세 감면 비중은 소폭 확대됐고 간접세와 관세 감면 비중은 소폭 축소
    - 2012년(잠정) 직접세 감면 비중은 2000년 대비 약 3.5%포인트 확대된 반면 간접세 감면 비중과 관세 감면 비중은 각각 3.3%포인트와 0.2%포인트 축소

<표 II-1> 국세감면액 및 국세수입총액 추이

(단위: 천억원, %)

	2000	2001	2002	2003	2004	2005	2006
국세감면액	132.8 <24.80>	137.3 <3.40>	147.3 <7.30>	175.1 <18.90>	182.9 <4.40>	200.2 <9.50>	213.4 <6.60>
· 직접세	95.1 (71.6)	97.2 (70.8)	101.7 (69.0)	123.3 (70.4)	131.5 (71.9)	149.2 (74.5)	152.3 (71.4)
· 간접세	36.3 (27.3)	39 (28.4)	44.3 (30.1)	50.6 (28.9)	50.3 (27.5)	49.3 (24.6)	58.1 (27.2)
· 관세	1.4 (1.1)	1.1 (0.8)	1.3 (0.9)	1.2 (0.7)	1.1 (0.6)	1.7 (0.8)	3 (1.4)
국세수입	929.3 <18.60>	957.9 <3.10>	1,039.7 <8.50>	1,146.6 <10.30>	1,178.0 <2.70>	1,274.7 <8.20>	1,380.4 <8.30>
	2007	2008	2009	2010	2011	2012(잠정)	2013(전망)
국세감면액	229.7 <7.60>	287.8 <25.30>	310.6 <7.90>	300.0 <-3.41>	296.0 <-1.33>	297.3 <0.44>	297.6 <0.11>
· 직접세	166.5 (72.5)	225 (78.2)	232.7 (74.9)	223.6 (74.5)	222.7 (75.2)	223.2 (75.1)	224.4 (75.4)
· 간접세	60.5 (26.3)	59.9 (20.8)	74.9 (24.1)	74.9 (25.0)	70.9 (24.0)	71.4 (24.0)	70.7 (23.8)
· 관세	2.7 (1.2)	2.9 (1.0)	3.0 (1.0)	2.8 (0.9)	2.5 (0.8)	2.7 (0.9)	2.5 (0.8)
국세수입	1,614.6 <17.00>	1,673.1 <3.60>	1,645.4 <-1.70>	1,777.2 <7.42>	1,923.8 <8.25>	2,032.9 <5.67>	2,163.8 <6.44>

주: < > 안은 증감률, ( ) 안은 비중임
자료: 대한민국정부, 『조세지출보고서 및 조세지출예산서』, 각 연도.

□ 2012년(잠정)과 2013년(전망) 국세감면율은 각각 12.76%과 12.09%로 나타나며 2010년부터 시작된 하락추이가 지속될 것으로 예상

○ <표 Ⅱ-1>에서 살펴본 국세감면액과 국세수입액 증가율 추이는 [그림 Ⅱ-1]이 보여주는 국세감면율의 하락 추이를 설명

- 국세감면율 = $\frac{국세감면총액}{국세수입총액 + 국세감면총액} \times 100$

○ 국세감면율은 2000년 이후 연도별 등락 속에 증가추이를 보이다가 2008년과 2009년 이명박 정부 출범 초기에 임시투자세액공제·연구 및 인력개발비에 대한 세액공제제도 확대 등으로 큰 폭 상승

- 2007년 이전 12.45%에서 2008년과 2009년 각각 14.68%와 15.88%로 급증

○ 경상GDP 대비 국세감면액 비중은 2012년 잠정 2.31%로 2009년 이후 하

락추이 지속
- GDP 대비 국세감면액 비중도 2007년까지 완만한 상승추이를 보이다가 2008년과 2009년에 큰 폭으로 상승한 후 2009년 2.92%를 정점으로 2010년부터 하락 반전

□ 2006년 국가재정법 제정으로 도입된 국세감면율 법정한도는 2008년과 2009년 급증한 국세감면율로 인해 2011년까지 15.5%로 확대되었으나 2010년부터 시작된 국세감면율 하락추이에 의해 2013년 14%로 축소될 것으로 전망
  ○ 2013년 국세감면율이 12.09%로 전망되고 있어 2013년 법정한도까지 약 2%포인트가량 여유가 있음
  - 국세감면율 법정한도는 직전 3년 국세감면율 평균에 0.5%포인트를 더한 값
  ○ [그림 Ⅱ-1]에 나타나 있는 2006년 이후의 국세감면율 법정한도 추이는 국세감면율이 증가(하락)하면 이후 연도의 법정한도 추이도 같이 증가(하락)하는 것을 보여주고 있음
  - 국세감면율 법정한도를 설정한 목적은 급격한 국세감면의 증가로 인해 세입기반이 위축되는 것을 방지하는 것임
  - 직전 3년 평균에 0.5%포인트를 더한 값으로 법정한도가 설정되다 보니 국세감면율 증가세가 둔화되는 시점인 2010년 이후에도 2011년까지 국세감면율 법정한도는 증가하는 문제가 발생
  - 또한 2011년 이후 국세감면율 법정한도는 국세감면율 실적 또는 잠정(전망)치보다 약 2%포인트 정도 높게 책정되어 정치권에서 비과세·감면제도를 보다 확대할 수 있는 여지를 줌
  - 근본적으로 국세감면율 법정한도는 구속력이나 강제성이 없는 선언적 규정이어서 2008년과 2009년 국세감면율이 법정한도를 1~1.87%포인트나 초과했으나 이후 별다른 후속조치는 없었음

[그림 II-1] 국세감면율 실적 및 법정한도와 GDP 대비 국세감면액 비중 추이

(단위: %)

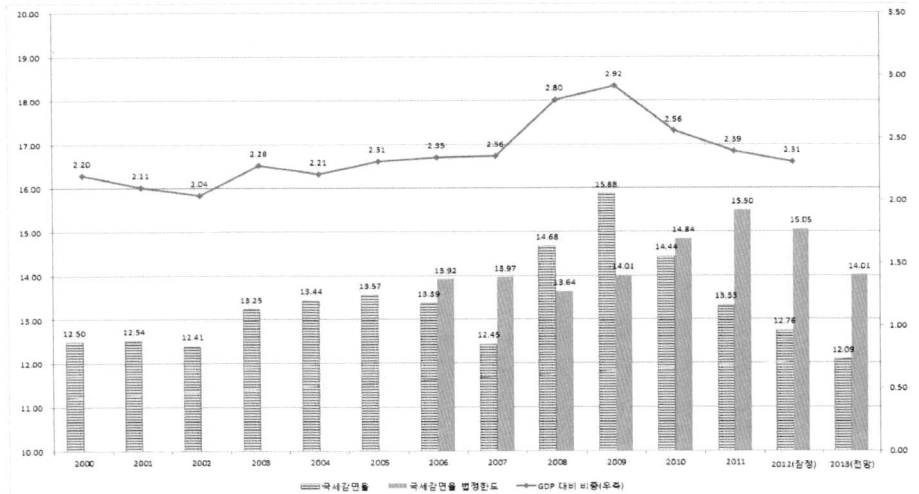

주: 2012년 경상GDP 증가율은 실질GDP 증가율 속보치 2.0%와 소비자물가지수 상승률 2.2%를 합한 4.2%로 가정하고 GDP 대비 국세감면액 비중을 계산
자료: 1. 대한민국정부, 『조세지출예산서』, 각 연도
     2. 한국은행, 경제통계시스템(http://ecos.bok.or.kr)

2. 국세감면 유형별 현황

☐ 2013년도 조세지출예산서는 지금까지 살펴본 국세감면 총량을 크게 조세지출, 비망, 경과조치 항목으로 구분하고 있음
  ○ 조세지출은 조세특례제한법상의 비과세·감면으로 재정지출과 대체 가능한 성격을 가지고 있는 중점 관리대상
  ○ 비망항목은 개별 세법상의 비과세·감면으로 의료비 및 교육비 등과 같이 비용 성격이 강한 항목들이며 비과세·감면 총액관리에 활용
  ○ 경과조치 항목은 비과세·감면 조항의 폐지 이후 종전 규정에 따라 한시적으로 발생하는 비과세·감면

☐ 2012년 잠정 기준 조세지출 규모는 18.3조원 수준으로 전체 국세감면액의 61.7%로 나타났고 비망항목과 경과조치 항목들의 비중은 각각 37.5%와 0.8% 수준

○ 2011년 실적 기준 조세지출의 국세감면액 대비 비중은 66.9%이고 비망항목과 경과조치 항목들의 비중은 각각 34.0%와 2.1%

○ 2013년 전망 기준 조세지출의 국세감면액 대비 비중은 62.4%이고 비망항목과 경과조치 항목들의 비중은 각각 37.1%와 0.5%

<표 II-2> 국세감면 유형별 규모 및 비중 추이

(단위: 억원, %)

구분	2011 실적		2012 잠정		2013 전망	
	규모	비중	규모	비중	규모	비중
국세감면액	296,021	100.0	297,317	100.0	297,633	100.0
· 조세지출	198,112	66.9	183,405	61.7	185,722	62.4
· 비망	100,549	34.0	111,462	37.5	110,298	37.1
· 경과조치	6,360	2.1	2,450	0.8	1,613	0.5

자료: 대한민국정부, 『2013년도 조세지출예산서』, 2012.

3. 수혜자별 국세감면 현황

□ 2012년 잠정 기준 국세감면액의 57.2%에 달하는 17조원이 서민·중산층·중소기업에 지원되고 39.1% 수준인 11.6조원이 고소득층·대기업에 지원된 것으로 나타났고 서민·중산층·중소기업 지원 비중은 2013년에 소폭 개선될 것으로 전망

○ 2011년 실적 기준 국세감면액의 55.4%는 서민·중산층·중소기업에 지원되고 39.7%는 고소득층·대기업에 지원

○ 2013년 전망 기준 국세감면액의 57.5%는 서민·중산층·중소기업에 지원되고 38.3%는 고소득층·대기업에 지원

□ 서민·중산층·중소기업에 대한 지원은 조세지출의 경우 더욱 큰 비중을 차지하는 것으로 나타나서 비용공제 성격이 강한 비망항목의 고소득층·대기업 지원 비중이 상대적으로 높은 것으로 판단

○ 2012년 잠정기준 조세지출 총액 대비 서민·중산층·중소기업에 지원된 비중은 66.7%로 국세감면액 대비 비중보다 11.3%포인트나 높음

- 조세지출 총액 대비 고소득층·대기업 지원 비중은 33.3%로 국세감면액 대비 비중보다 낮음
○ 2011년 실적과 2013년 전망 기준에서도 유사한 양상을 찾을 수 있으며 2011년 이후 서민·중산층·중소기업 지원 비중은 소폭이나마 지속적으로 확대될 것으로 전망

□ 서민·중산층·중소기업에 대한 조세지원을 보다 확대해야 한다는 주장이 있지만 어느 수준까지 지원해야 할지는 사회적 합의와 새 정부의 국정철학에 의해 결정될 문제임
○ 국세감면액과 조세지출의 서민·중산층·중소기업 지원 비중은 각각 2013년 60%와 68%에 달할 것으로 전망되고 고소득층 및 대기업이 대부분의 세금을 부담하고 있다는 현실을 고려할 때, 세부담이 상대적으로 작은 서민·중산층·중소기업에 대한 지원 강화는 비과세·감면제도의 확대보다는 재정지출 확대에 의해 달성하는 것이 바람직할 것으로 판단
○ 또한 조세지출보다는 비용 공제의 성격이 강하고 기준 조세체계에 근접해서 중점 관리대상에서 제외되고 있는 비망항목에 대한 보다 적극적인 관리가 필요
- 비과세·감면제도의 정비를 통해서 서민·중산층·중소기업 지원 비중을 확대하기 위해서는 고소득층 지원비중이 높은 비망항목들의 개편을 고려하는 것이 바람직할 것으로 판단

<표 II-3> 국세감면액 및 조세지출에 따른 수혜자별 지원현황

(단위: 억원, %)

구분		2011년(실적)		2012년(잠정)		2013(전망)	
		금액	비중	금액	비중	금액	비중
국세감면액	서민·중산층·중소기업 등	163,869	55.36	170,189	57.24	171,169	57.51
	고소득층·대기업	117,536	39.71	116,275	39.11	113,992	38.30
	구분곤란	14,616	4.94	10,854	3.65	12,472	4.19
	소계	296,021	100.00	297,317	100.00	297,633	100.00
조세지출	서민·중산층·중소기업 등	113,754	60.15	115,554	63.00	118,414	63.76
	고소득층·대기업	61,643	32.60	57,579	31.39	55,372	29.81
	구분곤란	13,716	7.25	10,272	5.60	11,937	6.43
	소계	189,112	100.00	183,405	100.00	185,722	100.00

주: 1. 비중은 구분곤란을 포함한 해당연도 전체 국세감면액 또는 조세지출 규모대비 수혜계층별 조세지원 비중으로 구분곤란을 제외한 금액을 기준으로 비중을 구한 2013년도 조세지출예산서의 비중과 차이가 있음
2. 법인은 일반기업과 중소기업 신고실적을 활용하고 개인사업자는 중소기업으로 분류
3. 개인은 총급여 5,500만원을 기준(OECD 기준: 중위소득(상용근로자의 연평균 임금)의 150%)으로 구분
4. 농어민, 장애인, 취약계층 지원은 서민·중산층으로 구분
5. 소득으로 구분이 곤란한 항목은 납부세액과 매출액 기준으로 구분
6. 구분곤란은 외국인투자 관련 항목, 일부 양도소득세 감면 등
자료: 대한민국정부, 『2013년도 조세지출예산서』, 2012.

4. 일몰 연도별 조세지출 현황

☐ 2013~2015년 기간 동안 일몰 예정 조세지출 규모는 2013년 전망 기준 국세감면액 대비 2013년 5.8%, 2014년 28.8%, 2015년 23.4%로 합계 57.9% 수준

  ○ 2013년 전망치 금액기준으로 살펴보면, 2013년 일몰예정 조세지출 금액은 1.7조원, 2014년 8.6조원, 2015년 7.0조원 수준으로 총 17.2조원 수준

  ○ 연도별로 일몰이 도래하는 조세지출의 항목 수는 2013년 37개, 2014년 45개, 2015년 59개로 총 141개로 추정

  - 『2013년도 조세지출예산서』에 하나의 조세지출 항목으로 발표되었으나 수혜대상 또는 일정 조건에 따라 두 개 이상의 일몰기한을 갖고 있는 항목들의 경우 모든 해당 연도의 일몰항목으로 포함

  ○ 대부분의 조세지출 항목들의 일몰기한이 3년이어서 2015년까지 일몰이

도래하는 조세지출 규모는 2013년 전망치 대비 92.9%에 달함

<표 II-4> 일몰 예정 연도별 조세지출 현황

(단위: 개, 억원, %)

일몰예정 연도	조세지출 항목수	조세지출 규모			국세감면 대비 일몰예정 조세지출액 비중		
		2011년 실적	2012년 잠정	2013년 전망	2011년 실적	2012년 잠정	2013년 전망
2013	37	16,760	17,098	17,189	5.7	5.8	5.8
2014	45	93,377	88,982	85,628	31.5	29.9	28.8
2015	59	69,368	69,565	69,656	23.4	23.4	23.4
합계	141	179,505	175,645	172,473	60.6	59.1	57.9

자료: 대한민국정부, 『2013년도 조세지출예산서』, 2012.

□ <표 II-5>~<표 II-7>에 나타나 있는 연도별 일몰 예정 10대 조세지출 항목들의 규모는 각 연도별 일몰 예정 전체 조세지출 규모 대비 90.1~95.1%에 달하는 것으로 나타남

○ 2013년 일몰 예정인 10대 항목들의 조세지출 규모는 2013년 전망치 기준으로 2013년 일몰 예정인 37개 전체 항목들의 90.1%에 달함

- 대표적 조세지출 항목으로는 '재활용폐자원 등에 대한 부가가치세 매입세액 공제특례'(조특법 제108조)가 있으며 이 제도에 의한 2013년 조세지출 전망치는 7,375억원

○ 2014년 일몰 예정인 10대 항목들의 조세지출 규모는 2013년 전망치 기준으로 2014년 일몰 예정인 45개 전체 항목들의 94.7%에 달함

- 2014년 일몰 예정인 조세지출 항목들 중 1조원 이상의 조세지출이 발생하는 항목들이 4개로 파악(2013년 잠정치 기준)

○ 2015년 일몰 예정인 10대 항목들의 조세지출 규모는 2013년 전망치 기준으로 2015년 일몰 예정인 59개 전체 항목들의 95.1%에 달함

- 2015년 일몰 예정 조세지출 항목들 중 대표적인 항목으로는 '연구 및 인력개발비에 대한 세액공제 중 신성장동력연구개발비 및 원천기술연구개발비에 대한 세액공제'와 '농·임·어업용 석유류에 대한 간접세 면제'

- 상기 항목들의 2013년 조세지출 금액은 각각 2.7조원과 1.6조원 수준으로 전망

<표 II-5> 2013년 일몰 예정 10대 조세지출 항목

(단위: 억원)

분류	조세지출항목	법률	조문	2010 실적	2011 실적	2012 잠정	2013 전망
간접국세	재활용폐자원 등에 대한 부가가치세 매입세액 공제 특례	조특	108	6,090	6,732	8,351	7,375
투자촉진	에너지절약시설투자 세액공제	조특	25의2	2,576	3,827	2,792	2,957
간접국세	일반택시 운송사업자에 대한 부가가치세 납부세액 경감	조특	106의7	1,411	1,524	1,591	1,576
기타	현금영수증 사업자 및 가맹점에 대한 과세특례	조특	126의3	924	1,085	1,097	1,082
연구개발	연구 및 인력개발 준비금 손금산입	조특	9	676	845	943	976
간접국세	고금에 대한 의제매입세액공제	조특	106의5	236	292	394	321
중소기업	기업의 어음제도 개선을 위한 세액공제	조특	7의2	345	430	394	393
투자촉진	환경보전시설 투자에 대한 세액공제	조특	25의3	691	671	368	389
기타 직접국세	해외 자원개발투자에 대한 과세특례	조특	104의15	96	394	282	270
기업구조 조정	기업승계에 대한 증여세 과세특례	조특	30의6	11	222	143	150
2013년 일몰 예정 10대 항목 조세지출 합계(A)				13,056	16,022	16,355	15,489
2013년 일몰 예정 전체 조세지출 규모(B)				13,571	16,760	17,098	17,189
2013년 일몰 예정 10대 항목 비중(A/B*100)				96.2%	95.6%	95.7%	90.1%

주: 1. 조문은 조·항·호의 순으로 나열했음
2. 전자세금계산서 발급·전송에 대한 세액공제는 부가가치세법 제32조의 5에 2013년 12월 31일까지 발급하는 전자세금계산서의 경우로 한정하고 있으며 조세지원 규모가 2012년 잠정치 기준 335억원으로 10대 항목 순위에 들지만 비망항목으로 분류되고 있어서 포함하지 않음. 이 제도는 2008년에 2011년까지 시행하는 것으로 도입되었다가 2011년 말에 시행기간을 2년 더 연장했으며 올해 말에 다시 일몰 기한이 도래

자료: 대한민국정부, 『2013년도 조세지출예산서』, 2012.

<표 II-6> 2014년 일몰 예정 10대 조세지출 항목

(단위: 억원)

분류	조세지출항목	법률	조문	2010 실적	2011 실적	2012 잠정	2013 전망
투자촉진	임시고용창출 투자세액 공제	조특	26	-	27,371	21,216	17,017
기타	신용카드 등 사용금액에 대한 소득공제	조특	126의2	18,405	11,729	13,090	14,994
중소기업	중소기업에 대한 특별세액감면	조특	7	11,978	10,953	12,797	12,520
간접국세	농업·축산업·임업용 기자재에 대한 부가가치세 영세율	조특	105①5	12,991	13,265	12,539	13,513
지역 균형발전	자경농지·축사용지에 대한 양도소득세의 감면	조특	69·69의2	16,542	13,107	10,911	9,114
저축지원	노인·장애인 등의 생계형 저축에 대한 이자·배당소득 비과세	조특	88의2	-	3,284	3,277	3,270
공익사업 지원	조합법인(농협·수협·신협 등)에 대한 법인세 과세특례	조특	72	2,627	3,418	3,247	3,410
연구개발	외국인 근로자에 대한 과세특례	조특	18의2	2,607	1,997	2,474	2,554
지역 균형발전	법인의 공장 및 본사를 수도권 밖으로 이전하는 경우 법인세 등 감면	조특	63의2	2,325	2,001	2,271	2,307
저축지원	세금우대종합저축에 대한 과세특례	조특	89	3,270	1,871	1,766	2,410
2014년 일몰 예정 10대 항목 조세지출 합계(A)				70,745	88,996	83,588	81,109
2014년 일몰 예정 전체 조세지출 규모(B)				75,069	93,377	88,982	85,628
2014년 일몰 예정 10대 항목 비중(A/B*100)				94.2%	95.3%	93.9%	94.7%

주: 1. 조문은 조·항·호의 순으로 나열했음
2. 조특법 제69조와 69조의 2에 따라 자경농지 및 축사용지에 대한 양도소득세 감면제도의 경우 조세지출 규모가 합산되어 발표되고 있어서 제69조(자경농지)와 제69조의 2(축사용지)의 일몰기한이 각각 2015년과 2014년 말임에도 불구, 구분하지 못하고 <표 II-7>의 2015년 일몰 예정 10대 조세지출 항목에도 포함시켰음
3. 법인의 공장 및 본사를 수도권 밖으로 이전하는 경우 법인세 등의 감면제도(조특법 63조의 2)의 경우 사업을 이전하는 경우의 일몰기한은 2014년 말이고 공장 또는 본사를 신축하는 경우의 일몰기한은 2017년이지만 주 2에서처럼 두 경우의 조세지출 금액을 구분할 수 없어서 2014년 일몰예정 조세지출 항목으로 포함시킴

자료: 대한민국정부, 『2013년도 조세지출예산서』, 2012.

<표 II-7> 2015년 일몰 예정 10대 조세지출 항목

(단위: 억원)

분류	조세지출항목	법률	조문	2010 실적	2011 실적	2012 잠정	2013 전망
연구개발	연구 및 인력개발비에 대한 세액공제	조특	10	10,687	23,341	24,977	27,076
간접국세	농·임·어업용 석유류에 대한 간접세 면제 (면세유)	조특	106의2 ①1	15,406	15,349	15,951	16,129
지역 균형발전	자경농지·축사용지에 대한 양도소득세의 감면	조특	69·69의2	16,542	13,107	10,911	9,114
저축지원	조합 등 출자금에 대한 과세특례, 조합 등 예탁금에 대한 저율과세	조특	88의5·89의3		5,665	5,980	6,312
간접국세	도시철도건설용역 부가가치세 영세율	조특	105①3	2,446	2,752	2,278	2,604
공익사업 지원	공익사업용 토지 등에 대한 양도소득세 감면	조특	77	3,946	2,605	1,644	1,239
연구개발	연구 및 인력개발을 위한 설비투자에 대한 세액공제	조특	11	901	1,065	1,460	1,582
중소기업	창업 중소기업 등에 대한 세액감면	조특	6	1,086	1,144	1,276	1,341
간접국세	구조조정지원을 위한 증권거래세 면제	조특	117①	435	31	1,015	246
간접국세	연안운항여객 선박용 석유류 간접세 면제	조특	106의2 ①2	539	587	572	587
2015년 일몰 예정 10대 항목 조세지출 합계(A)				51,988	65,646	66,064	66,230
2015년 일몰 예정 전체 조세지출 규모(B)				59,416	69,368	69,565	69,656
2015년 일몰 예정 10대 항목 비중(A/B*100)				87.5%	94.6%	95.0%	95.1%

주: 1. 조문은 조·항·호의 순으로 나열했음
2. 연구 및 인력개발비에 대한 세액공제의 경우 신성장동력연구개발비와 원천기술연구개발비의 경우 2015년 말에 일몰기한이 도래하지만 일반연구인력개발비의 경우 일몰기한이 없음. 그러나 일반연구인력개발비에 대한 조세지원규모를 파악할 수 없어서 조세지출예산서에서 파악할 수 있는 전체금액을 표시
3. 자경농지 및 축사용지 양도소득세 감면제도 중 자경농지(제69조)의 일몰기한이 2015년 말임. <표 II-6>의 주 2 참조
4. 구조조정지원을 위한 증권거래세 면제제도 중 조특법 제117조제1항제16호 (금융기관 등의 주주 및 금융지주회사가 소정의 주식을 이전하거나 교환하는 경우)의 일몰기한이 2015년 말이지만, 다른 경우의 조세지출 규모와 구분할 수 없어서 전체 규모를 수록
자료: 대한민국정부, 『2013년도 조세지출예산서』, 2012.

III. 비과세·감면제도 관리체계

1. 총량관리

□ 2006년 10월 제정된 국가재정법 제88조 제1항과 동법 시행령 제41조는 비과세·감면제도에 의한 급격한 세수 감소를 억제하고 국세감면액의 총량을 관리하기 위해 국세감면율의 증가폭을 다음과 같이 제한
  ○ 기획재정부장관에게 당해 연도 국세감면율은 직전 3개연도 평균에 0.5%p를 더한 비율 이하가 되도록 노력해야 한다는 의무를 부과
    - 국세감면율 = $\dfrac{\text{국세감면총액}}{\text{국세수입총액} + \text{국세감면총액}} \times 100$
    - 국세수입총액은 세입세출결산상의 총액을 의미하고, 결산이 이루어지기 이전의 경우 국세수입총액은 해당연도의 국세 세입예산액
  ○ 이러한 국세감면율 한도제는 국세감면율이 높아지는 추세에 있는 경우 지속적으로 국세감면율을 더 높아지게 하는 경향을 갖고 있으며 하향 안정화시킬 개연성은 낮음

□ 국가재정법이 기획재정부장관에게 부과하고 있는 국세감면 한도제는 일종의 신의성실의 원칙에 따라 사전적으로 준수되기를 기대할 뿐 사후적으로 어떠한 구속력 또는 강제성이 결여되어 있는 선언적 규정
  ○ 조세특례제한법 또는 개별 세법에서 정하고 있는 자격요건을 갖추거나 일정한 경제행위를 수행한 납세자에게 세금부담을 경감시켜주는 것이 비과세·감면제도이므로 관련법들을 개정하지 않고서 정부의 의지에 따라 국세감면 규모를 확대하거나 축소하기는 어려움
    - 이러한 비과세·감면제도의 성격은 재정지출 중 법정 의무지출과 유사하다고 할 수 있음

○ 국가재정법이 구속력 또는 강제성을 수반하지 않는 선언적 형태의 규정으로 국세감면의 총량을 제한하고 있는 것은 비과세·감면제도가 법정 의무지출의 성격을 띠고 있기 때문인 것으로 판단
  - 현재의 국세감면 한도제에 법적으로 특정한 구속력을 부여한다고 하더라도 조세지출을 포함한 비과세·감면제도에 대한 경제주체들의 반응을 조절할 수 있는 정책수단이 없음
  - 따라서 사전적으로 설정된 국세감면 총량한도의 준수 여부를 사후적으로 관리하기 위한 구속력 또는 강제성을 규정하기 어려움

□ 이처럼 특정한 구속력 또는 강제성을 규정하기 어려움에도 불구하고 선언적이나마 국세감면의 총량한도를 규정하고 있는 것은 비과세·감면제도 정비의 필요성 때문임
  ○ 비과세·감면 규모의 관리는 소기의 정책목적을 달성하면서도 간접적 재정지출의 형태인 세입기반의 손실을 축소하기 위한 것임
  ○ 글로벌 금융위기 이후 재정위기를 겪고 있는 남유럽국가들뿐만 아니라 미국, 일본 등 주요 선진국들에서 재정건전성의 회복 및 유지는 더욱 중요해짐
  - 비록 우리나라의 재정건전성은 주요 선진국들에 비해 양호한 상황이나 소규모 개방경제의 특성으로 인해 대외 충격에 취약하다는 점과 급증하는 복지수요 및 통일 대비라는 특수성을 고려할 때, 재정건전성의 확보 및 유지는 매우 중요한 정책과제임

2. 사전관리

□ 1998년 말 조세감면규제법이 조세특례제한법으로 개정되면서 경제·사회정책 등의 정책목표 달성을 위해 조세감면이 필요할 경우 해당 감면제도를 건의하는 중앙행정기관의 장은 조세감면건의서를 기획재정부장관에게 제출하도록 규정(조세특례제한법 제142조 제2항)

○ 개별 부처에서 조세감면건의서를 제출하기 전에 기획재정부 장관은 조세특례제한법 제142조 제1항에 따라 매년 3월 31일까지 조세특례 및 제한에 관한 기본계획을 수립하여 중앙행정기관의 장에게 통보해야 함
- 정부의 경제정책 및 재정운용방향을 반영하여 조세지원의 기본방향을 설정하고 각 부처의 조세지원 수요를 파악
○ 이전에는 5월 31일까지 조세감면건의서를 제출하도록 정하고 있었으나 2013년 1월 1일 개정 이후에는 4월 30일까지 제출해야 함
○ 조세감면건의서에는 조세감면의 목적, 기대 정책효과, 연도별 예상 세수효과, 관련 통계자료 등이 포함되어야 함
- 기획재정부의 조세감면건의 및 평가에 관한 규정은 보다 구체적인 서식과 함께 조세감면건의서 작성 및 제출에 관한 사항을 규정(재정경제부 고시 제1999-8호)
- 계량화된 기대 정책효과, 향후 3년간 예상 세수효과와 산출근거, 유사 재정지출사업 시행 여부, 해외사례 및 관련 통계자료 등을 제출하도록 규정

□ 국가재정법 제88조 제2항은 조세감면 사전제한제를 통해 무분별한 조세감면의 신설을 억제하고 있음
○ 새로운 국세감면을 요청하는 중앙관서의 장은 감면으로 발생하는 세수손실을 보충하기 위해 기존 국세감면제도의 폐지 또는 축소방안이나 재정지출의 축소방안과 그 밖의 필요한 사항을 함께 기획재정부 장관에게 제출하도록 규정하고 있음
- 이는 신규 조세감면제도로 인해 발생할 수 있는 재정건전성 악화를 방지하기 위한 제도임
○ 동법 시행령 제42조는 새로운 국세감면을 요청하는 중앙관서의 장은 조세특례제한법 제142조 제2항에서 정하고 있는 조세감면건의서를 제출해야 하며, 이때 해당 분야 전문연구기관의 의견서를 첨부하도록 규정

□ 지출부서에서 새롭게 도입하고자 하는 조세감면제도의 경우 상기 조세특례제한법 제142조 제2항과 국가재정법 제88조 제2항에 따라 조세감면건의서와 재정건전성

유지방안을 제출해야 하지만 형식적으로 운영됨
- ○ 과거 조세감면건의서를 살펴보면, 요청되는 조세감면 제도의 도입 타당성이나 예상 세수손실 규모는 파악하기 어려운 상황이고 재정건전성 유지를 위한 재원 조달방안은 찾아보기 어려움
- ○ 비과세·감면제도의 사전관리 체계가 이처럼 형식적으로 운영되고 있는 가장 큰 이유는 세수손실 규모에 대한 추정과 같이 지출부서 담당자들의 업무의 범위를 넘어서는 내용들이 포함되어 있고 건의된 조세감면제도가 채택될 가능성이 매우 낮기 때문으로 판단됨
  - 조세감면제도의 채택 여부에 건의서 내용의 충실성 여부가 큰 영향을 미치지 못하는 관행이 지배적이고 매우 낮은 채택률에도 불구하고 전문 연구기관의 의견서를 첨부하도록 하여 감면제도를 건의하는 지출부서에 과도한 부담을 지우고 있기 때문이라는 지적도 있음

□ 조세감면 사전제한제는 정부부처에서 건의하는 비과세·감면제도에 한하여 적용되고 의원 입법안의 경우에는 적용되지 않고 있어서 이는 향후 개선할 필요
- ○ 정부부처에서 건의하는 감면안에 대한 사전관리체계를 더욱 강화하거나 기존의 제도를 엄격히 적용하도록 하더라도 의원 입법안 형태를 빌어 정부부처의 조세감면안이 입법될 가능성이 존재

3. 사후관리

□ 조세특례제한법 시행령 제135조에서 정하고 있는 조세특례사항에 대하여 조세감면으로 인한 효과분석 및 조세감면제도의 존치 여부 등에 대한 의견서(조세감면평가서)를 매년 4월 30일까지 기획재정부 장관에게 제출
- ○ 조특법 시행령 제135조에 명시되어 있는 조세특례사항은 다음과 같음
  - 당해 과세연도에 적용기한이 종료되는 조세특례사항
  - 시행 후 2년이 경과되지 아니한 조세특례사항
  - 기존의 조세특례사항 중 그 범위를 확대하고자 하는 사항

- 조세특례 및 그 제한에 관한 기본계획에 재검토가 필요한 사항으로 열거된 조세특례사항
○ 조세감면평가서제도는 조세감면건의서와 마찬가지로 1999년부터 시행되었고 2013년 1월 1일 개정 이후 매년 4월 30일까지 기획재정부 장관에게 제출토록 함
○ 조세감면평가서에는 존치 여부에 대한 의견 및 이유, 계량화된 연도별 세수감소 규모, 조세지원으로 인하여 변화된 경제·사회적 효과에 대한 전후 비교설명과 계량화된 지표 제시, 유사 재정지출 사업 지원 실적과 향후 계획, 해외사례 및 관련 통계자료 등이 포함되어야 함

□ 조세감면평가서제도 역시 형식적으로 운영된다는 지적이 지배적인 상황
○ 일몰이 도래하는 조세지출 항목의 존치 여부에 대한 의견 및 이유를 적시함에 있어서 대부분의 경우 성과가 양호하므로 지속할 필요가 있다는 의견을 제시하고 있지만 객관적이고 논리적인 근거는 결여
- 이처럼 객관적이고 논리적 근거가 제시되지 않는 것은 납세자의 조세지출 관련 세부 정보는 개인정보 보호를 위해 국세청에서 엄격하게 관리하고 있어서 관련 정보에 해당 부처가 접근할 수 없기 때문임
- 또한 조세감면평가서 작성시 계량화된 수치를 제시할 수 없는 경우 그 이유만을 기재하도록 요구하고 있기 때문임(재정경제부 고시 제1999-8호)
○ 조세감면제도 본연의 정책목표를 달성했다면 폐지를 고려해야 함에도 불구하고 성과가 양호하므로 해당 제도를 지속적으로 유지해야 한다는 의견 제시는 해당 제도의 기득권화 및 항구화에 일조

4. 조세지출 성과관리제도

□ (법적 근거) 2013년 1월 1일 개정에서 신설된 조세특례제한법 제142조 제4항은 조세특례에 대한 평가를 실시할 수 있다고 규정함으로써 조세지출에 대한 성과관리를 위한 자율평가 및 심층평가 시행의 근거를 제시

○ 조특법 제142조 제4항의 신설에 앞서, 국가재정법 제16조 제3호는 정부는 재정을 운용함에 있어 재정지출 및 조세지출의 성과를 제고하여야 한다고 예산의 원칙 중 하나로 규정
 - 2013년 1월 1일 개정 이전에는 국가재정법 제27조 제1항에 따라 조세지출의 성과를 제고하여야 한다고 규정했으나, 이는 조세지출예산서 작성에 대한 사항으로 조특법 제142조의 2로 신설 이관
 - 조세지출 성과평가에 대한 직접적 법적근거는 조특법 제142조 제4항과 국가재정법 제16조 제3호로 볼 수 있음

□ (대상) 국세감면액은 조세지출, 비망, 그리고 경과규정에 의해 발생된 세수손실 규모이지만, 조세지출 성과관리 대상은 조세지출 항목들 중 소관부처가 명확하고 성과관리의 실익이 있는 것으로 판단되는 항목들임
 ○ 조세지출 성과관리는 기본적으로 모든 조세지출 항목뿐만 아니라 조세지출의 성격을 갖고 있는 비망항목들도 포괄하고 주기적으로 시행되어야 함
 ○ 조세지출 성과관리제도가 올해 도입되어 정착되기 이전까지는 기획재정부가 '조세특례 및 제한에 관한 기본계획'에 성과평가 대상 항목들을 선정하여 개별 부처에 통보하는 것이 바람직할 것으로 판단됨
  - 일몰연도, 조세지출 규모, 경제정책 및 재정운용방향 등을 고려하여 성과평가 대상 항목으로 선정

□ (성과관리 체계의 구성) 정부에서 현재 추진 중인 성과관리 체계는 성과계획 및 성과보고에 기초한 조세지출 자율평가(소관부처 수행)와 종합심층평가(전문연구기관 수행)로 구성되고 종합적인 목표관리를 위해 조세지출예산서에 성과관리 요소를 도입할 계획
 ○ (자율평가) 조세지출 항목에 대한 자율평가는 조세지출의 타당성, 성과지표의 적절성, 평가결과의 환류 여부 등을 소관부처에서 체크리스트 방식으로 시행하고 기획재정부에서 검토

- 조세지출건의서 및 평가서에 성과관리 요소를 추가하여 각 항목별 성과계획서와 성과보고서를 소관부처의 책임하에 작성하여 제출하도록 규정할 계획
  ○ (종합심층평가) 2013년부터 시행할 예정으로 현재 종합심층평가 대상 조세지출 항목과 진행 절차 및 방법에 대한 구체적 사항을 마련 중
  ○ (성과목표관리) 조세지출예산서에 성과관리 요소를 도입하여 자율평가 및 종합심층평가의 결과를 반영하고 향후 조세지출 목표관리 기능을 조세지출예산서가 수행하도록 계획 중

☐ 체크리스트 방식으로 수행될 예정인 자율평가의 경우 성과계획서와 성과보고서의 작성이 선행되어야 하며 성과계획서 및 보고서의 핵심은 계량화할 수 있는 객관적 성과지표의 발굴 및 설정에 있음
  ○ 조세지출 성과관리 체계의 시행에 무엇보다도 시급한 사항은 성과지표 발굴 및 설정에 필요한 통계 기반의 구축이며, 이와 관련된 자료를 엄격하게 관리하고 있는 국세청의 적극적 협조가 필요
    - 납세자료에 접근하지 못할 경우 거시경제지표 등의 보조지표를 사용할 수밖에 없으나 이러한 보조지표는 조세지출제도뿐만 아니라 모든 거시경제 여건의 변화의 결과이므로 정확한 성과지표로 삼기 어려움
    - 물론 개별 납세자료로 부터 얻을 수 있는 성과지표도 예산지출의 효과인지 조세지출의 효과인지를 구분하는 것은 쉽지 않지만, 이는 범부처의 행정자료를 통합하여 빅데이터를 구축하고 이를 활용하는 종합심층평가를 통해 보다 심도 있는 분석을 수행할 필요
  ○ 개인정보보호법의 범위 안에서 관련 통계자료 및 행정자료를 활용할 수 있는 방안을 모색하고 구체화할 필요

☐ 조세지출 종합심층평가의 구체적 시행 계획은 발표되지 않았으나 2012년 7월 재정관리협의회에 보고된 '조세지출 성과관리 제고방안'에 따르면, 전문연구기관 등을 활용하여 계량적 데이터 중심으로 실증분석 및 평가를 수행하고 구체적 제도개선방안을 수립하는 것을 목표로 삼고 있음

○ 과학적 실증분석을 수행하기 위해서는 활용할 수 있는 양질의 통계자료가 필수적이나 국세청의 엄격한 관리로 인해 일반 연구자들이 조세지출 관련 자료를 활용하기 어려운 상황
○ 유사한 재정지출 사업과 조세지출의 효과성 및 효율성 분석을 통해 특정 정책목표 달성을 위해 어떤 정책수단이 적절한지 여부를 분석하고 그 결과를 재정정책 개선에 반영하는 방향으로 발전시킬 필요

Ⅳ. 비과세·감면제도의 합리적 정비방안

1. 기본 정비방향

□ 기득권화·항구화되는 비과세·감면제도의 전면적 정비의 필요성이 높아지고 있는 가운데, 경제적 효율성, 수직적·수평적 형평성, 조세제도 운영의 효율성이라는 3대 조세원칙에 부합하도록 정비하고 엄격하게 관리할 필요

□ (기본 원칙) 비과세·감면제도는 3대 조세원칙에 부합하도록 정비
  ○ 동일한 세금을 징수하더라도 조세제도에 의해 초래되는 가격체계의 왜곡을 가능한 최소화함으로써 사회적으로 바람직한 방향의 자원배분을 달성할 수 있도록 경제적 효율성 원칙을 적용
  ○ 세부담 능력을 고려하여 동일한 소득에 동일한 세금을 부과하는 수평적 형평성과 세부담 능력이 큰 고소득자가 보다 많은 세금을 부담하는 수직적 형평성의 원칙을 적용
    - 수평적 형평성은 조세제도의 설계를 통해 달성할 수 있지만 수직적 형평성은 사회적 합의의 문제임
    - 담세력이 높은 고소득자가 얼마나 많은 세금을 부담해야 하는가는 시대와 경제상황에 따라 다름
  ○ 조세제도 운영의 효율성은 세금을 거두기 위해 정부가 부담하는 징세비용과 납세자가 세금을 납부하기 위해 부담하는 납세협력비용을 최소화함으로써 달성

□ (관리체계) 상기 비과세·감면제도 정비의 기본 원칙과 함께 꼭 필요한 비과세·감면제도의 엄격한 관리체계를 다음과 같이 구축
  ○ 조세지출 항목들에 대한 관리는 정책목표 및 목표달성 정도를 평가하는

조세지출 성과관리체계를 통해 현행 사전 및 사후관리 체계에 성과평가 요소를 도입하여 보다 엄격하게 관리
   - 조세지출 자율평가를 수행하는 소관부처들의 적극적 참여와 범부처 차원의 조세지출 관련 행정자료의 통합·연계 필요
○ 개별 세법에서 허용하고 있는 비과세·감면제도들인 비망항목들의 관리도 주기적 평가를 통해 관리할 필요
   - 먼저 '국민대통합위원회'에서 세부담에 대한 수직적·수평적 형평성에 대한 사회적 합의를 도출하고, 이를 바탕으로 '조세개혁위원회'에서 비망항목들에 대한 전면적 검토를 통해 정비방안 도출
   - 이후에도 비망항목의 주기적 검토와 평가를 통해 개편안을 도출하고 정책에 반영

2. 조세지출 성과관리체계

가. 조세지출 성과관리체계의 필요성

□ 현행 국가재정법 제16조 제3호에서 정하고 있는 조세지출 성과제고의 의무 이행을 위해 조세특례법 제142조 제4항에 따라 국세감면 규모의 60% 이상을 차지하는 조세지출 항목들에 대한 평가를 시행할 계획
○ 조세특례법 제142조 제4항은 "기획재정부 장관은 주요 조세특례에 대한 평가를 실시할 수 있다"고 언급하고 있을 뿐 평가 방식은 규정하고 있지 않음
○ 2012년 하반기에 기획재정부가 발표한 '조세지출 성과관리 제고방안(재정관리협의회 안건 12-7-23)'과 '2013년도 조세지출예산안'에 따르면 재정지출 예산사업에 대해 시행되고 있는 자율평가와 심층평가 체계를 벤치마크할 계획
   - 조세지출 항목별 소관부처가 자율평가지침에 따라 소관 항목들에 대한 자율평가를 실시하고 기존의 조세감면건의서 및 조세감면평가서에 성과관리 요소

를 도입하여 이를 바탕으로 조세지출예산서를 작성할 것으로 전망

□ 국가재정법에서 부여하고 있는 조세지출 성과제고의 의무를 명시적이고 실효적으로 이행하기 위해서 조세지출 성과관리 체계는 필요
  ○ 재정사업의 경우 각 부처의 소관사업 예산이 매년 주어지고 성과평가 결과에 따라 다음 연도 예산편성에 환류되고 있음
   - 국회예산정책처(2012)에 따르면 2013년 성과계획서에 포함된 내역을 분석한 결과, '미흡' 이하의 재정사업 자율평가 결과를 받은 113개 사업 중에서 10% 이상 예산을 감액한 사업이 80%로 전체의 70.8%를 차지하고 증액 편성된 경우는 13개 사업에 불과하며 폐지된 사업과 10% 이하 감액된 사업의 수는 각각 10개로 나타났음
  ○ 재정사업처럼 조세지출 평가결과를 다음 연도 예산편성에 환류시키고 부처들의 자발적 참여를 유인하기 위해서는 부처별 재량적 지출예산편성에 환류시킬 필요

<표 IV-1> '미흡' 이하의 재정사업 자율평가 결과에 따른 조치현황

(단위: 개, %)

조치현황	사업 수	비율
10% 이상 감액	80	70.8
폐지	10	8.9
10% 이하 감액	10	8.9
증액편성	13	11.4
계	113	100

자료: 국회예산정책처, 『2013년도 정부 성과계획서 평가』, 2012.

  ○ 재정사업과 달리, 부처별 담당자가 자율적으로 평가하기 어려운 문항들이 포함될 가능성이 클 뿐만 아니라 조세지출 관련 통계 기반의 미비로 인해 모니터링을 하거나 관련 성과지표를 발굴하는 데 큰 어려움이 예상
   - 재정사업의 자율평가 항목들은 지출부처에서 주관하는 예산사업의 목적, 유사·중복성, 추진방식, 사업내용, 예산집행 현황, 모니터링 체계 운영 여부 등

상대적으로 담당자들이 자율적으로 평가할 수 있는 문항들로 구성되어 있음
- 조세지출 자율평가 항목들은 조세감면 방법의 적절성, 선택된 세목의 적절성, 수혜대상의 적절성, 조세지출 이용실적의 적절성 등 조세지출 항목들의 평가를 위해 필요한 질문이지만 관련 전문가들도 답하기 쉽지 않은 문항들일 가능성
- 조세지출 정보는 국세청에 의해서 엄격하게 관리되고 있어서, 조세지출예산서에 발표된 항목별 조세지출 규모 이외에 개별 부처들은 수혜대상의 범위, 수혜계층별 조세지원 정도, 수혜계층별 특성 등 조세지출 성과관리 및 분석에 필요한 전년도 상세자료를 구할 수 없는 상황

□ 조세지출 자율평가와 종합심층평가를 중심으로 수행하는 것이 바람직할 것으로 판단
  ○ 조세지출 자율평가를 시행할 경우 자율평가 문항은 부처별 담당자가 조세관련 전문지식이 없더라도 답할 수 있는 형태의 쉬운 문항으로 구성되어야 함
    - 일부 전문적 지식이 필요한 문항에 대해서는 전문 연구기관이나 학계의 전문가 그룹을 활용하는 방안도 검토할 필요
    - 부처별 담당자가 답할 수 있는 수준의 문항은 해당 부처의 임무, 전략목표, 성과목표 등과 조세지출의 정책목표가 부합하는지, 외부의 전문적 검토의견 및 지적사항을 반영하여 제도개선을 위해 어떤 노력을 하였는지, 해당 조세지출 제도를 잠재적 수혜계층에 홍보한 실적 등의 문항일 것으로 판단됨
    - 조세지출 자율평가를 시행하는 목적은 다양한 형태의 조세감면제도에 대한 부처별 요구에 책임성을 부여하는 것이나 해당 부처의 직접적 이해와 연계되지 않는 의무 부여는 실효적일 수 없음
  ○ 조세관련 전문적 지식을 요구하는 자율평가 문항을 포함하여 재정지출 사업과 조세지출 사업의 효과성 및 효율성 평가 등의 종합분석 결과를 반영하여 조세지출 항목들의 일몰 연장 여부 및 개선방향 수립 필요
    - 종합심층평가는 전문가 그룹에 의해 수행되어야 하고 이에 필요한 개별 납세자료를 포함한 제반 행정자료는 국세청 및 각 부처에서 적극 협조되어야 함
    - 종합심층평가의 궁극적 목적은 조세지출제도의 개선뿐만 아니라 조세수입을

포함한 국가재정의 효율성 및 효과성 제고에 있으므로 특정 정책 목표 달성을 위해 재정지출 사업과 조세지출 사업 중 어느 것이 더 효과적인지에 대한 분석이 수반될 필요

나. 조세지출 성과관리체계 도입에 필요한 선결과제

☐ 조세지출 성과관리체계의 도입은 눈에 보이지 않는 형태의 재정지출인 조세지출에 대한 사전 및 사후 관리를 강화하여 조세특례제한법에 의한 조세지출 항목들의 기득권화 및 항구화를 방지하고 재정건전성 확보에 기여할 것으로 기대되나 아래의 사항은 먼저 해결되어야 할 것으로 판단

☐ 의원입법 형태의 조세지출제도에도 동일한 형태의 성과평가 요소를 도입하여 효과적 사전 및 사후 관리체계 구축을 도모할 필요가 있으나 제도적 정비가 마련되지 않은 상황
　○ 정부부처에서 요청하는 조세감면제도에 성과관리체계라는 엄격한 기준을 적용하는 경우, 의원입법 형태로 제도화될 가능성이 크므로 이러한 부작용을 사전에 방지하기 위한 제도적 보완이 필요

☐ 개별 부처에 조세지출 자율평가와 이를 위한 조세지출 성과계획서 및 성과보고서를 작성하도록 의무화할 경우 이에 합당한 인센티브와 자율평가를 위한 성과지표에 필요한 국세청의 납세자료 제공 필요
　○ 현재로서는 신의성실 원칙에 따라 국가의 재정건전성 확보 및 재정의 효율성·효과성 제고에 기여하기 위해 개별 부처가 노력해야 하는 상황
　○ 조세지출 자율평가 결과를 개별 부처의 재량 지출 예산편성에 반영할 수 있는 시스템이 필요
　　- 개별 부처 소관으로 지정된 조세지출 항목들에 기초하여 부처별 감면한도액을 설정하는 경우 국세감면 총량에 대한 한도가 선언적 규정이므로 부처별 감면한도는 구속력을 갖기 어려우므로 합당한 인센티브 없이 시행되는 자율

평가의 실효성은 기대하기 어려움
- 선언적 규정인 국세감면율 한도제를 구속력 있는 제도로 전환하고 부처별 감면한도제를 시행하는 것도 고려할 수 있으나 실효성 측면에서 바람직하지 않은 것으로 판단
- 조세지출이 법정 의무지출의 성격을 갖고 있고 개별 부처에서 부처별 감면한도를 준수하기 위해 사용할 수 있는 정책수단이 없기 때문에 구속력을 부여한다고 하더라도 실효성을 담보하기 어려움
- 앞서 언급한 바와 같이, 조세지출 성과평가 결과를 개별 부처의 재량지출 예산편성에 반영하는 것이 더욱 효과적일 것으로 판단되며, 이에 대한 보다 심도 있는 논의가 필요

○ 개별 부처의 자율평가 대상 조세지출 항목들의 성과지표 개발을 위해서는 국세청에서 개별 납세자료를 통해 구할 수 있는 최대한의 정보를 개인정보보호법 범위 안에서 협조할 필요
- 자료의 문제는 개별 부처의 노력으로 극복되기 어려운 문제이며 전문지식을 갖고 있는 조세전문가라 하더라도 적절한 실증분석을 위한 통계자료가 가용하지 않을 경우 분석을 수행할 수 없음
- 기획재정부, 국세청, 개별 부처, 그리고 전문연구기관의 적극적 협력을 통해 최대한 계량화되고 객관적인 성과지표의 발굴 및 설정이 필요
- 개별 납세자료의 경우 개인정보보호의 대상이므로 조세지출 항목과 관련된 납세자료들을 소득계층별, 수혜자 특성별 등 다양한 형태의 상세기준으로 총합하여 생성·제공해야 하며, 이는 국세청을 비롯한 범부처 간 협력 여부에 달려 있음

□ 국세청의 납세자료를 비롯한 범부처 행정자료의 활용방안을 적극적으로 모색할 필요
○ 박근혜 정부는 '국민 중심 서비스 정부 3.0 구현'을 위해 공공정보 개방 및 공유 확대 및 민관 협치 강화를 강조
○ 지하경제 양성화를 위해 금융정보분석원(FIU) 금융거래정보를 국세청에서 활용하는 문제에 대한 논의가 지속되고 있지만, 국가 미래전략 및 위기 대응전략 수립을 위해 소통 및 협업을 통한 부처간 칸막이를 제거하

고 빅데이터를 활용할 필요
- ○ 이와 같은 맥락에서, 조세지출 성과관리체계의 원활한 정착과 재정정책 수단의 효과성 및 효율성 제고를 통한 국가재정건전성 확보 및 유지를 위해 국세청 납세자료뿐만 아니라 범부처의 행정자료의 활용기반 구축 필요

3. 비망항목에 대한 관리

가. 비망항목 조세지원 현황과 관리의 필요성

□ 비망항목은 개별 세법에서 정한 세부담 경감제도로서 조세지출의 성격을 가지면서 기준조세체계에 가까운 항목들로 직접적인 조세지출 성과관리 대상에서 제외되지만 일정한 원칙하에 지속적 관리 필요
- ○ 2013년 조세지출예산서에 수록된 비망항목은 총39개이고 조세지원 규모는 2012년 잠정기준 11.1조원 수준으로 전체 비망항목 조세지원 규모 대비 82.3% 수준임
- ○ 가장 큰 규모의 조세지원이 발생하는 비망항목은 100만원 한도의 보장성 보험에 대한 소득공제인 '보험료 특별공제'이며, 해당 조세지원 규모는 약 2.2조원
  - 또한 최종소비자를 대상으로 하는 개인사업자에게 500만원 한도로 신용·직불·선불카드·현금영수증 발행 금액의 1%를 부가가치세 납부세액에서 공제해주는 제도로 약 1.6조원의 조세지원
  - 교육비 특별공제의 경우에도 1.2조원에 달하는 조세지원이 이루어지고 있고 개인기부금에 대한 특별공제에 의한 조세지원 역시 1조원 규모에 달함

<표 IV-2> 10대 비망항목 조세지원 현황

(단위: 억원)

조세지출항목	법률	조문	2010 실적	2011 실적	2012 잠정	2013 전망
보험료 특별공제	소득	52①	20,268	18,259	21,504	20,532
신용카드 등 사용에 따른 부가가치세 세액공제	부가	32의2	12,325	13,831	15,654	14,413
교육비 특별공제	소득	52③	12,749	11,773	11,919	12,328
개인기부금에 대한 특별공제	소득	52⑥	7,958	8,758	9,885	9,537
국민건강보험료 사용자부담금에 대한 비과세	소득	12 3녀	5,563	6,224	7,652	7,731
법인기부금의 손금산입	법인	24	6,080	8,421	7,162	7,605
의료비 특별공제	소득	52②	7,340	5,989	6,715	6,581
다자녀 추가공제	소득	51의2	2,537	2,235	4,495	4,713
경로우대자 추가공제	소득	51①1	3,830	3,438	3,780	3,963
장애인 추가공제	소득	51①2	3,327	2,814	3,019	3,002
10대 비망항목 조세지원 합계(A)			81,977	81,742	91,785	90,405
전체 비망항목 조세지원 규모(B)			100,623	100,549	111,462	110,298
10대 비망항목 조세지원 비중(A/B*100)			81.5%	81.3%	82.3%	82.0%

자료: 대한민국정부,『2013년도 조세지출예산서』, 2012.

□ 10대 비망항목들 중에서 '신용카드 등 사용에 따른 부가가치세 세액공제'를 제외한 9개 항목들이 모두 소득공제 또는 비과세의 형태로 운영되고 있어서 고소득자가 보다 많은 조세지원 혜택을 받을 가능성

○ <표 Ⅱ-3>에서 살펴본 바와 같이, 2012년 잠정 기준 국세감면액의 57.2%가 서민·중산층·중소기업 등에 지원된 반면, 국세감면액의 61.7% 수준에 달하는 조세지출 총액의 63%가 서민·중산층·중소기업 등에 지원된 것으로 나타났음

- 이는 비망항목 조세지원액의 48% 정도만이 서민·중산층·중소기업 등에 지원된 것을 시사

○ 2013년 1월 신설된 조세특례제한법 제132조의 2는 보험료, 의료비, 교육비, 신용카드 등 사용금액에 대한 소득공제 등 특별공제의 종합 한도를 2,500만원으로 신설하고 고소득자에 대한 과도한 소득공제 적용을 배제

나. 비망항목 관리원칙

□ 경제적 효율성, 수직적·수평적 형평성, 조세제도 운영의 효율성이라는 3대 조세원칙과 정부의 국정철학 및 국정과제에 부합하도록 정비할 필요

□ 비망항목뿐만 아니라 모든 비과세·감면제도를 처음 설계할 때 위의 세 가지 원칙에 부합하도록 제도를 고안하고 해당 제도들의 주기적 평가를 통해 개선할 필요
  ○ 비망항목 조세지원 총규모의 82%에 달하는 10대 비망항목 중 9개 항목이 소득공제에 의한 조세지원제도이고 비망항목의 조세지원이 고소득층에 유리한 상황이어서 일정한 수준의 제도개선이 필요
    - 박근혜 정부의 국정과제 '지하경제 양성화 등 조세정의 확립'의 추진계획 중 하나는 도입취지 및 소득재분배효과 등을 고려하여 감면제도를 소득공제 중심에서 세액공제 방식으로 전환하는 것임
    - 비망항목의 경우 소관부처를 지정하기 어려운 면이 있고 조세지출 성과관리 대상에서 제외되어 있으므로 사회적 합의를 바탕으로 박근혜 정부 초기에 '조세개혁위원회'에서 비망항목들을 전면 검토할 필요

4. 세수확보 가능성 및 한계

□ OECD(2010)은 우리나라의 조세지원 규모 추정방법에 대해 명확히 언급하고 있지 않지만, 임주영(2010)은 우리나라의 경우 세수손실법을 활용하여 추정하는 것으로 보고하고 있음
  ○ 납세자들의 경제적 의사결정에 변화가 없다고 가정하고 있는 세수손실법으로 조세지출예산서의 조세지원 규모가 추정된다면 앞서 설명한 바와 같이 해당 조세지원제도의 폐지로 인해 기대할 수 있는 세수 증가로 보기 어려움
  ○ 결과적으로 조세지출예산서상의 조세지원 규모는 해당 제도의 폐지로

인해 발생할 수 있는 최대 세수 증가분으로 이해하는 것이 바람직하고 일반적으로는 이보다 적은 규모의 세수가 증가할 것임

□ 박근혜 정부의 비과세·감면제도의 기본 정비방안은 일몰이 도래하는 제도의 원칙적 폐지이며 꼭 필요한 경우에 한하여 면밀한 검토를 통해 일몰을 연장하는 것임
  ○ 향후 3년 동안 일몰이 도래하는 모든 조세지출제도를 폐지할 경우 2014~2017년까지 발생하는 최대 세수확보 가능규모는 42.6조~46.6조원 수준으로 추정되나 이는 매우 극단적인 전제를 한 경우임
    - 또한 조세지출제도 폐지로 인한 경제 전반에 미치는 영향은 고려하지 않은 단순 추산임
  ○ 박근혜 정부의 비과세·감면제도 정비의 기본 원칙이 적용되더라도 <표 II-5>~<표 II-7>에 나타나 있는 2013~2015년 일몰 도래 조세지출제도를 모두 폐지하는 것은 불가능하고 다른 국정과제 추진을 위해 유지·확대되거나 새로 도입되는 제도가 있을 수 있음
    - 국정과제 '일을 통한 빈곤탈출 지원'을 위한 근로장려세제 적용대상, 점증구간 및 점증률 확대를 통해 최대 급여액을 인상할 계획
    - 국정과제 '지하경제 양성화 등 조세정의 확립'을 위한 장애인 및 노인 등 고용 취약계층 고용지원세제 개선 추진과 2·3차 협력업체에 투자하는 대기업에 대한 추가 세제지원 방안 마련 등
    - '일자리 중심의 창조경제'라는 국정목표를 위해 고용 연계 조세지원제도와 R&D 관련 조세지원제도의 축소 내지 폐지는 어려울 것으로 전망됨

□ 비과세·감면제도의 정비는 쉽지 않은 정책과제이지만, 직접지출에 대한 최소 10% 수준의 강도 높은 세출구조조정이 진행되고 있는 상황이므로 간접지출인 비과세·감면제도도 10% 수준의 축소를 목표로 설정할 필요
  ○ 2013년 전망치 30조원 수준의 국세감면액이 매년 발생한다고 전제할 때, 향후 5년 동안 발생할 국세감면액 150조원의 10%인 15조원 정도의 조세지원 규모 축소를 목표로 집권 초기에 강력히 추진할 필요

- 국정과제 이행을 위한 새로운 조세지원제도의 도입 및 기존 제도의 정비의 어려움 등을 고려할 때, 국세감면액의 10% 감축이라는 목표를 달성하기 위해서는 조세지출 항목뿐만 아니라 개별 세법에 의한 비과세·감면제도인 비망항목들에 대한 축소가 필요

□ 새 정부 출범 초기에 세출구조조정 수준의 비과세·감면제도 정비를 위해서는 국정 동반자로서 입법부의 역할이 필수적임
  ○ 지금까지 비과세·감면제도의 정비는 제도 하나하나에 대한 검토와 논의를 거쳐 법안심의·의결 과정을 거쳤으나 박근혜 정부의 기본 정비방향은 비과세·감면제도 전체를 제로베이스에서 검토하고 중장기 개편방안을 일괄적으로 국회에 제출하고 법제화하는 것임
  ○ 정부는 중장기 비과세·감면제도 정비방안을 2013년 세법개정안의 국회 제출 시점인 8월까지 구체화하고 입법부의 협조를 통해 제도 정비의 여건을 조성

□ 비과세·감면제도 정비를 통해 달성한 조세지원제도 합리화 및 세입기반 확충기조를 유지하기 위해서는 반드시 필요한 제도 이외의 조세지원제도 신설은 억제해야 함
  ○ 이를 위해서는 조세지원제도의 사전·사후 관리를 보다 강화하고 강화된 관리체계의 적용 범위를 정부 입법안뿐만 아니라 의원발의 법안으로 확대해야 함
  ○ 조세지원제도의 합리적이고 체계적 관리를 위해서는 국세청을 비롯한 범부처 협력과 개별 부처에서 생산하는 행정자료들의 통합을 통한 조세지출 성과관리에 필요한 빅데이터의 구축·활용 기반 구축 필요

Ⅴ. 시사점

□ 연간 30조원 수준의 세수손실을 유발하며 항구화 및 기득권화되고 있는 다양한 비과세·감면제도의 정비는 세수기반 확충을 위해서 뿐만 아니라 조세제도의 효율성 및 조세형평성 제고를 위해서 반드시 수행될 필요

□ 국민들이 공감할 수 있는 합리적이고 체계적인 비과세·감면제도 정비방안을 마련하고 이를 일관되게 시행하기 위해서는 박근혜 정부의 강력한 리더십이 필요
  ○ 일몰이 도래하는 경우 해당 제도를 폐지하는 것을 원칙으로 하고, 꼭 필요한 경우에 한하여 엄격한 관리체계하에서 일몰 연장 또는 새로운 조세지원제도를 도입
    - 새로운 조세지원제도의 도입을 엄격하게 관리하기 위해서는 지난해부터 도입을 준비 중인 조세지출 성과관리체계가 원활이 구축될 수 있도록 범부처 간 협력이 요구
    - 조세지출 성과관리체계는 새로 요청되는 조세지출제도의 도입을 엄격한 기준으로 검토하고 이미 시행중인 제도들에 대한 주기적 평가를 통해 반드시 필요한 제도만을 도입하고 정책목표를 달성했거나 효과가 불분명한 시행 중인 제도들 폐지 또는 개편
    - 의원발의 형태로 입법되는 조세지원제도의 경우에도 조세지출 사전·사후관리체계 및 성과관리체계의 적용대상으로 포함시킬 필요
  ○ 30조원 수준의 국세감면액 중 37% 수준에 달하는 비망항목들도 3대 조세원칙(경제적 효율성, 수평적·수직적 형평성, 조세제도 운영의 효율성)에 부합하도록 정비할 필요
    - 비망항목들은 고소득층에 유리한 소득공제 또는 비과세 형태로 지원되고 있으며 결과적으로 서민·중산층·중소기업의 수혜비중이 상대적으로 조세지출 항목들보다 낮게 나타나는 점은 개선될 필요

□ 향후 3년 동안 일몰이 도래하는 모든 조세지출제도를 폐지할 경우 2014~2017년까지 발생하는 최대 세수확보 가능규모는 42.6조~46.6조원 수준으로 추정되나 이는 매우 극단적인 전제에 기초한 단순 추산결과임
  ○ 일몰 도래하는 모든 제도의 폐지 및 폐지에 따른 경제전반의 영향을 고려하지 않음
  ○ 30조원 수준의 국세감면액이 매년 발생한다고 전제할 때, 향후 5년 동안 발생할 국세감면액 150조원의 10%인 15조원 정도의 조세지원 규모 축소를 목표로 집권 초기에 강력히 추진할 필요
    - 국정과제 이행을 위한 새로운 조세지원제도의 도입 및 기존 제도의 정비의 어려움 등을 고려할 때, 국세감면액의 10% 감축이라는 목표를 달성하기 위해서는 조세지출 항목뿐만 아니라 개별 세법에 의한 비과세·감면제도인 비망항목들에 대한 축소도 필요

□ 조세지출 성과관리체계가 어떠한 형태로 도입되더라도 성과평가의 원활한 시행과 평가결과의 활용을 위해서는 국세청을 비롯한 범부처 행정자료들을 통합·연계하는 빅데이터 활용 기반을 구축할 필요
  ○ 국가의 재정건전성 확보 및 유지를 위한 조세지출 성과관리체계 구축에 필요한 국세청 및 범부처 행정자료의 적극적 협조가 필요

□ 비과세·감면제도 정비의 성공과 실패는 정부가 얼마나 강력한 의지를 가지고 있느냐 뿐만 아니라 입법부의 협조 여부에도 좌우됨
  ○ 정부는 중장기 비과세·감면제도 정비방안을 올해 8월 세법개정안 제출 시점까지 마련하고 입법부는 중장기 정비방안 전체에 대한 일괄 심의·의결을 고려할 필요

참고문헌

국회예산정책처,『2013년도 정부 성과계획서 평가』, 2012.
기획재정부,『조세지출 성과관리 제고방안』, 재정관리협의회 보고자료, 2012.
대한민국정부,『조세지출예산서』, 각 연도.
임주영,『조세지출의 범위와 추계방법에 관한 연구』, 국회예산정책처, 2010.
한국은행, 경제통계시스템(http://ecos.bok.or.kr)

OECD, *Tax Expenditures in OECD Countries*, 2010